中外著名教育家画传系列

周洪宇 主编

裴斯泰洛齐画传

杨汉麟 袁传明／著

山东教育出版社
·济南·

图书在版编目（CIP）数据

裴斯泰洛齐画传 / 杨汉麟等著. 一济南：山东教育出版社，2018.10（2024.4重印）

（中外著名教育家画传系列 / 周洪宇主编）

ISBN 978-7-5701-0436-9

Ⅰ. ①裴… Ⅱ. ①杨… Ⅲ. ①裴斯泰洛齐（Pestalozzi，Johann Heinrich 1746—1827）-传记-画册 Ⅳ. ①K835.225.46-64

中国版本图书馆CIP数据核字（2018）第243794号

ZHONGWAI ZHUMING JIAOYUJIA HUAZHUAN XILIE
PEISITAILUOQI HUAZHUAN

中外著名教育家画传系列 周洪宇 主编

裴斯泰洛齐画传 杨汉麟 袁传明 著

主管单位：山东出版传媒股份有限公司

出版发行：山东教育出版社

地址：济南市市中区二环南路2066号4区1号 邮编：250003

电话：（0531）82092660 网址：www.sjs.com.cn

印 刷：山东华立印务有限公司

版 次：2018年10月第1版

印 次：2024年4月第2次印刷

开 本：787毫米×1092毫米 1/16

印 张：12.75

字 数：214千

定 价：69.00元

（如印装质量有问题，请与印刷厂联系调换）印厂电话：0531-76216033

裴斯泰洛齐（1746—1827）画像（1808年）

作家年代的裴斯泰洛齐

裴斯泰洛齐与孤儿在一起

裴斯泰洛齐是儿童慈爱的父亲（青铜塑像）

裴斯泰洛齐在瑞士沃州伊佛东的塑像

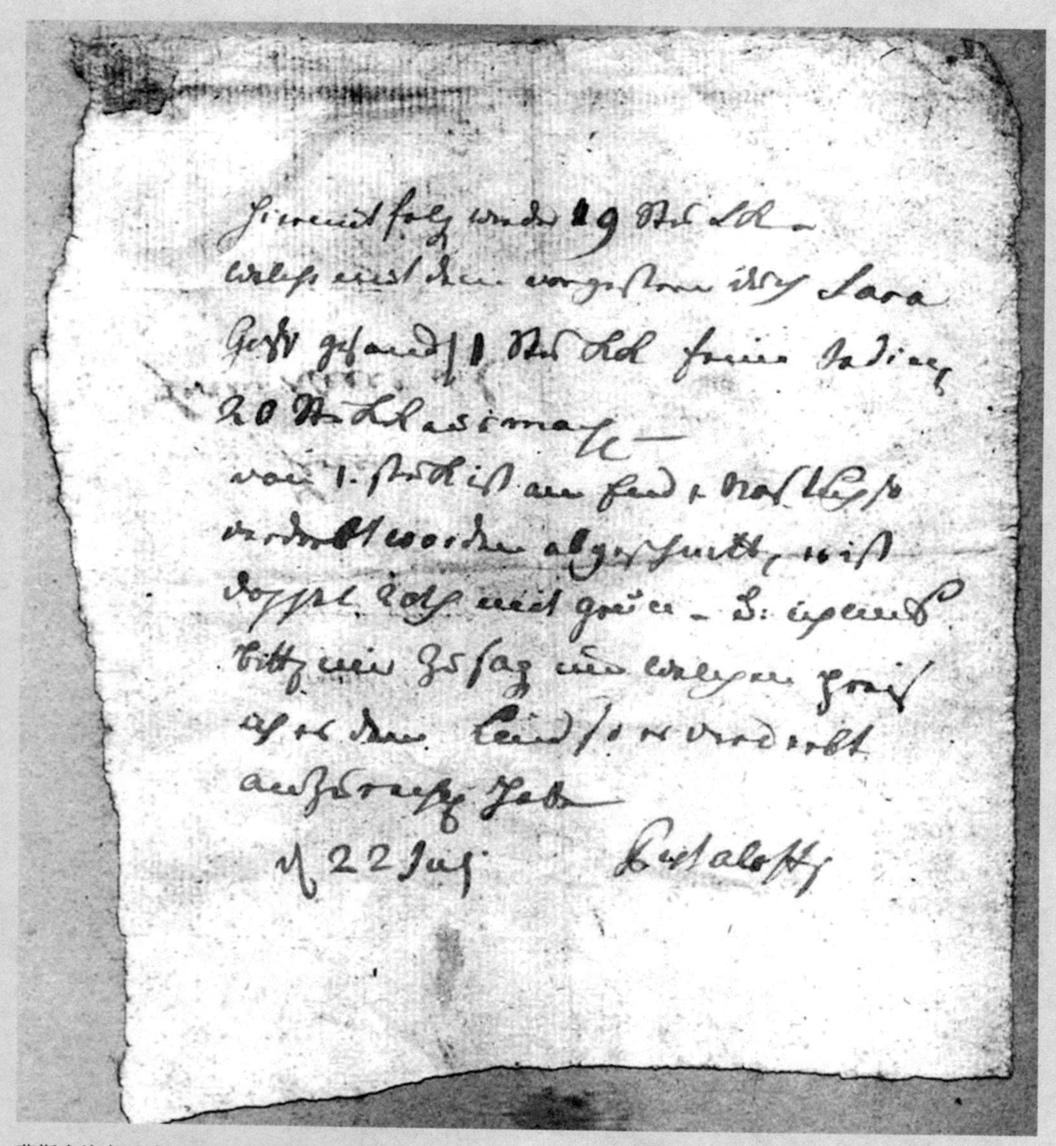

裴斯泰洛齐手稿：1785年7月22日写给朋友的信

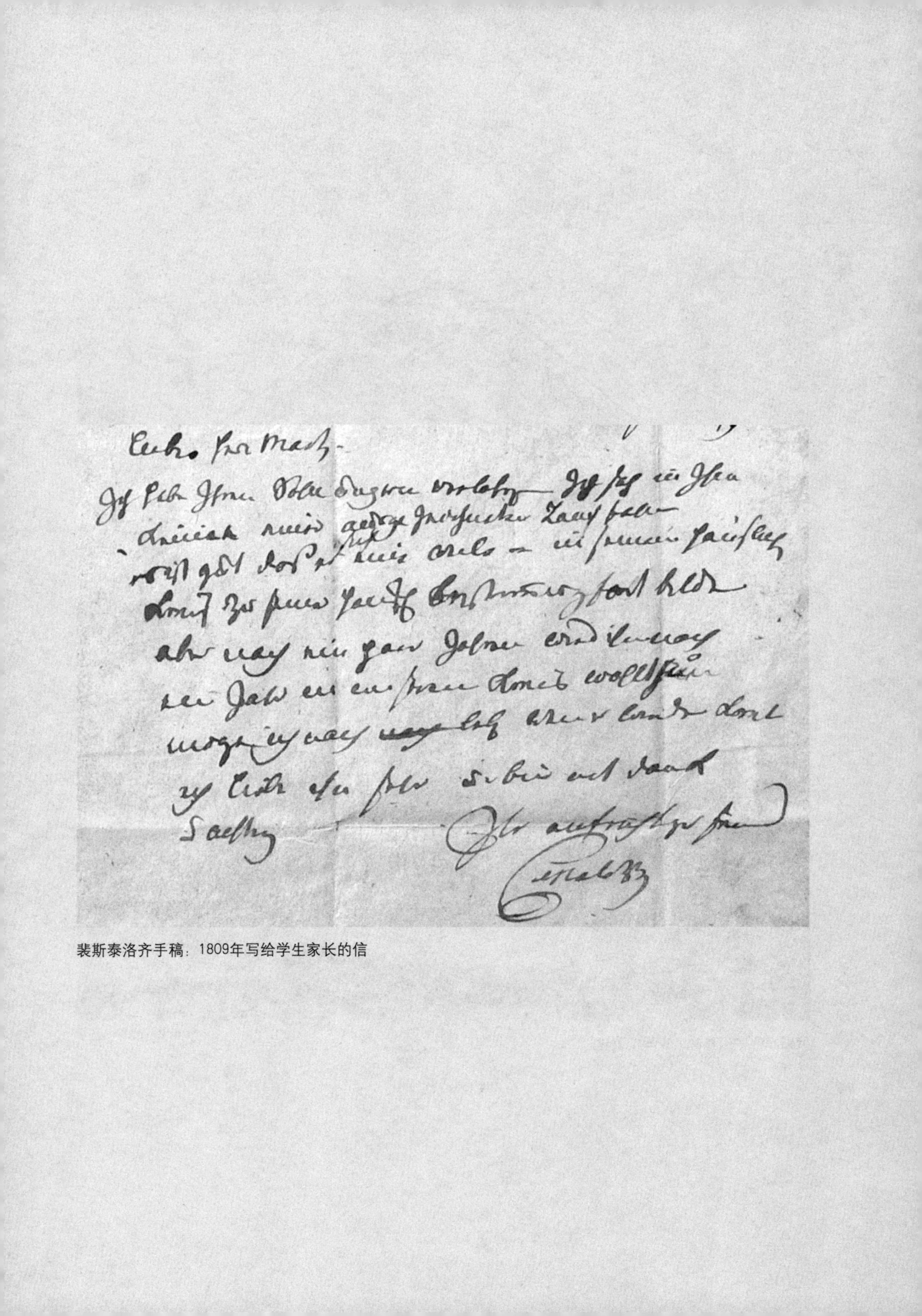

裴斯泰洛齐手稿：1809年写给学生家长的信

裴斯泰洛齐的墓碑（1906年改建）

目　录

家世与童年

裴斯泰洛齐画像

约翰·亨利赫·裴斯泰洛齐（Johann Heinrich Pestalozzi，1746—1827）是近代杰出的人道主义者及平民教育家。他出生在瑞士这样一个地处欧洲内陆的蕞尔小国，生活在动荡的年代，一生经历无数磨难，却成为享有世界声誉的教育改革家和实践家。在长达一甲子的教育生涯中，他坚持自己的人生理想与信念，无怨无悔，痴心不改，勇于探索，将一生奉献给了瑞士广大贫困儿童的教育事业，并为后世留下了丰富而宝贵的遗产，从而在世界教育史上树立了一座巍巍的丰碑。

出生及家庭背景

1746年1月12日，裴斯泰洛齐出生于瑞士苏黎世的一个中层市民家庭。家庭信仰新教虔信派。

裴斯泰洛齐生活的年代，欧洲资本主义已经发展，瑞士人民受到封建地主和新兴资

裴斯泰洛齐的出生地苏黎世的上希尔施格拉本街

产阶级的双重压迫和剥削，社会贫富不均，阶级分化。当时苏黎世有14万人口[①]，而享有公民权的只有5000人，其余的都是非公民，地位低下。

18世纪中叶的苏黎世以纺织业为主，是当时的商业中心，它控制着周围数百个村庄。

裴斯泰洛齐的出生地址位于市区附近的上希尔施格拉本街（oberen Hirschgraben）。此处聚集了不少手工业者，这为裴斯泰洛齐较早接触底层民众提供了重要机会。

裴斯泰洛齐的祖先中有商贾、市议员和牧师。裴斯泰洛齐的先祖约翰·安东·裴斯泰洛齐（Johann Anton Pestalozzi）是一名商人，16世纪中叶从意大利的基亚文纳（Chiavenna）移居苏黎世，有一定社会地位。

裴斯泰洛齐的祖父安德烈亚斯·裴斯泰洛齐（Andreas Pestalozzi）是一名新教牧师，居住在苏黎世附近的一个村庄。他是该家庭中第一个也是唯一一个获取城市公民身份的人。

裴斯泰洛齐的父亲约翰·巴蒂斯特·裴斯泰洛齐（Johann Baptist Pestalozzi，1718—1751）是一名普通的外科医生，但医术粗糙，仅会简单地包扎和处理伤口。他还当过市政议员的秘书，经营过少量的葡萄酒生意。但忙碌一生，却无甚成就，始终未能

①此数据见赵祥麟主编《外国教育家评传》第2卷，第39页。另据布律迈尔主编《裴斯泰洛齐选集》中文版第1卷第12页所载裴斯泰洛齐传略，此数据为“1万人”。可能统计方式不一样（前者可能将城乡人口计算在一起）。——作者注

获得公民身份，亦未挣到多少财富。

裴斯泰洛齐的母亲苏珊娜（Susanna）出身于乡村一个并不显赫但富有教养的家庭，知书达理，为人淳朴善良，充满爱心，善于勤俭持家。她的家庭与德国著名作家歌德有过联系。据说歌德到瑞士旅行时，曾专程前来拜访其父母。由于有这层关系，她深受歌德的影响，不乏文艺修养。

苏珊娜与裴斯泰洛齐的父亲结婚后，共生了七个孩子，但只有三个存活。裴斯泰洛齐有一个比自己大一岁的兄长，名叫巴普蒂斯特（Baptiste）；还有一个小四岁的妹妹芭芭拉（Barbara）。裴斯泰洛齐的家中还有一位编外成员——芭芭拉·思齐米德（Barbara Schmid），但人人都叫她巴蓓丽（Babeli）。

巴蓓丽原是家中的女仆。她心地善良，富有教养，忠心耿耿，为裴斯泰洛齐一家付出了一生的心血。

1751年，即裴斯泰洛齐5岁那年，年仅33岁的约翰·巴蒂斯特·裴斯泰洛齐不堪生活重负，劳碌奔波，病倒了，不幸撒手人寰。

裴斯泰洛齐的父亲临终前，考虑到娇妻弱子，缺少帮扶，命运堪忧，迟迟难以瞑目，为此曾死前托孤，叮嘱巴蓓丽说："请不要遗弃我的妻子！"巴蓓丽含泪答应了他的请求。此后她不抛弃，不放弃，兑现诺言，全心全意地照顾裴斯泰洛齐一家，服务长达41年，没有收取任何报酬。这种舍己为人、无私奉献、持之以恒的精神深深地影响了裴斯泰洛齐的一生。在裴斯泰洛齐的童年生活中，巴蓓丽在家庭中的角色绝不仅仅是保姆，实际上不啻为他的第二位母亲。

由于裴斯泰洛齐的父亲离世前没有给家里留下像样的遗产，使原本就不富裕的家境更加捉襟见肘。在约翰·巴蒂斯特·裴斯泰洛齐去世后，由于家庭没有稳定的收入，而有三个孩子需要抚养，为了给孩子们较好的生活，苏珊娜和巴蓓丽不得不尽己所能，在各方面精打细算。为了节省开支，她们搬进了一栋更破旧的房子。巴蓓丽每天要往返菜市场四五趟，以便当摊贩打包没卖完的菜时，她可以买到相对便宜的蔬菜。尽管生活如此艰难，性格坚强的苏珊娜也没有带着三个孩子投奔较富裕的亲戚。一方面是自立自强的个性使她不想麻烦别人；另一方面，留在苏黎世，孩子们能够进入较好的学校，获得更好的教育机会。这是裴斯泰洛齐的母亲考虑的重要因素。

苏黎世湖畔的裴斯泰洛齐舅父故居（阿施曼1790年作）

童年生活

小时的裴斯泰洛齐生性好动。好动原是大多数儿童的本性，裴斯泰洛齐也不例外。可在困窘的家境以及母亲和女仆的温情关怀和严格要求下，他受到了较大的管束，就连新衣服平时都不能穿，只有去上学的时候才能穿体面一点的服装。由于居家环境复杂，不允许他随意上街和其他孩子玩要。巴蓓丽经常告诫他："那样会损坏你的鞋子。"巴蓓丽还不允许他触碰任何有危险的东西。他甚至没有玩具，只有极少的身体锻炼。他像一只从不被允许离开围栏的绵羊，这使他最终变成了一个爱沉思默想的人。他幻想自己拥有玩具，幻想与同伴做游戏，幻想有更多的经历与体验。

裴斯泰洛齐在晚年回忆他的童年时写道：

我的生活几乎和给人以力量、聪明才智以及良好举止的世界没有联系，我像一只不允许离开羊圈的绵羊一样被保护起来。我从不能上街到我同龄的男孩中去，我也不懂得他们的任何游戏，不懂他们的秘密。可以说，在我的小屋里没有什么富有理智和教育意义的事情可做。在我十分活泼的年岁，常常打碎能抓住的东西，因此人们为了不损坏东西，认为在我手里的东西应该尽可能地少，这也许是最好的办法。“你就一点儿也不能安静地坐一会儿，手别乱动吗？”这就是我随时都能听到的话。可这是与我的天性相违背的，我确实不能静坐下来，我的手不能不动，我越想安静，就越做不到。如果我找不到什么东西，我会拿一根绳子拧来拧去，直到看不出它是根绳子为止。到我手里的每张纸、每朵花我都会如此对待。

中世纪绘画中的儿童：儿童被当成小大人对待，全然没有儿童的天真烂漫

这是裴斯泰洛齐童年生活的写照，也是当时许多儿童生活的写照。裴斯泰洛齐深受两位女性慈爱的熏陶（加之后面提到的祖父的影响）。他从小表面上性格柔弱、唯唯诺诺，是妈妈的乖宝宝；虽缺乏阳刚之气，但充满怜悯之心和博爱之心。裴斯泰洛齐生活的灵魂就是爱，他将对广大贫困儿童的爱贯穿于自己一生的教育实践当中，“爱的教育”是他一生为之奋斗的理想和目标。他的这种博爱、仁爱之心就根植于此。但毋庸讳言，家庭过度的关爱及动辄得咎的限制也对

中世纪绘画：父母恐吓孩子，不听话会被妖怪带走

裴斯泰洛齐童年生活过的苏黎世街区

立于日内瓦城的卢梭解放儿童纪念碑。图中卢梭左手所持物为反映理想教育愿景图的镜子；右手所持物为束缚儿童的镣铐，儿童正在努力砸碎。寓意为：让儿童砸碎镣铐求得自由

其身心产生不利影响。一旦环境变化，其天性中以潜意识状态存在的追求自由的倾向就会迸发出来，这种生活状况使得裴斯泰洛齐的性格呈现多种特点。

裴斯泰洛齐晚年回忆道：

> 我从小就秉性温柔、软弱，很早就十分活跃地显示出我的一些力量和爱好。这样我总能很快地获得情感上的满足。反之，那些需要冷静、镇定、连续观察的事物却很少给我留下深刻印象。是的，一切能满足我心灵所需的事物很快地削弱了本该使我的理智快乐的印象。我必须承认，对那些原本想用理智理解的事物，我早就以不可原谅的方式表现出疏忽、心不在焉、漫不经心。我以为，整个世界都像我一样是善良的，可信赖的。正是因为这一点，我早就成了每个想戏弄我的人的牺牲品。

从裴斯泰洛齐的出身及家庭背景来看，他所接受的家庭教育缺乏父爱，而主要来自两位女性。这种“阴盛阳衰”式的家庭教育对裴斯泰洛齐一生的影响显而易见。他继承并发扬了善良女性独有的仁慈和博爱精神，将其运用于儿童的教育事业上，形成了独具特色的“爱的教育”理论和实践。生活中，他常以慈爱的父亲的角色出现。但阳刚之气的不足对他的事业也不无影响，尽管长大以后这方面一度有很大改观。此外，他从亲身经历中认识到，亲人的爱固然十分重要，但过多的束缚——哪怕是出自爱的良好愿

裴斯泰洛齐祖父居住地霍恩宁景观

霍恩宁的新教教堂，裴斯泰洛齐年幼时常去之地

望——对儿童的成长并非有利，因此他后来一接触到卢梭的自然主义教育思想，立即成了其热忱的信徒。

童年时期的裴斯泰洛齐受其祖父的影响也颇深。小时候，他的许多闲暇时间是在他祖父那儿度过的。裴斯泰洛齐的祖父居住在苏黎世郊外一个叫霍恩宁（Hongg）的地方，是一名乡村新教牧师。他经常带着自己的孙子参加各类宗教活动，或到普通教徒家里访问，让他了解贫困农民的生活现状，让他接受新教的熏陶。

当时底层农民极端贫困，他们没有发言权，不得不服从城市的统治者。挣大钱的工作只向城市公民开放，普通民众无缘置喙。

裴斯泰洛齐看到许多处于饥饿边缘的儿童四处寻找食物，其中许多孩子被当作奴隶卖给他人，最终死于超负荷的劳动当中。一些孩子不得不在潮湿的地窖中纺纱织布，获取微薄的口粮，仅仅不致饿死而已。

或者，他们不得不在工厂整日劳作，变得苍白消瘦。大多数孩子没有接受过教育，只有少数幸运儿在乡村学校受过短暂的、简单的教育。

裴斯泰洛齐看到大量的乞丐。起初的每个月里，警察都会像驱赶牛羊一样把他们驱离所辖地界。他看到小偷怎样被关进囚笼，被暴雨淋，被皮鞭抽打，被公众指责和嘲笑。农村这些不平等、不公正的贫困现象在裴斯泰洛齐纯真的心灵中留下了深刻的烙印。

在社会底层挣扎的妇女与儿童

英国工业革命时期工厂的童工

此外，一本关于裴斯泰洛齐的书中这样记载：

他听过罪犯们怎样在被带往威尼斯途中被锁链锁在战船的甲板上；在精神痛苦中扼死自己私生子的姑娘们怎样被斩首；犯有巫术罪的妇女们怎样被公开地活活烧死。

这些血腥、残忍的封建积习震撼着裴斯泰洛齐幼小的心灵。新教强调众生平等、因信称义，反对封建教会的等级制度和赎罪券的主张，都被裴斯泰洛齐接受。

裴斯泰洛齐目睹了底层贫困民众的凄惨生活，他们遭受富人压迫，生产力低下，农业技术落后，有的甚至连基本生存条件都很难保证。裴斯泰洛齐在乡村遇见的贫困现象深深地触动了他，他不能忍受这些，认为“必须要做些什么。我必须帮助这些人”。他曾暗下决心：“长大后，一定要帮助穷人。”这一愿望成了裴斯泰洛齐终生奋斗的目标。这样的渴望贯穿于裴斯泰洛齐的一生。他还分析道：“穷人之所以穷，绝大部分原因是他们没有受教育，不能挣钱以维持生计。”自此裴斯泰洛齐就立下了解救贫民于水火的志向，并最终与教育结缘。他晚年回顾一生时说：

从青年时代起，我的心就像一股湍急的溪流孤单而又寂寞，朝着我的唯一目标滚滚流动，我看到周围的人们陷入泥沼，就立志要堵塞那悲惨之源。

小学与中学

“傻瓜城的怪亨利”

由于裴斯泰洛齐从小受到母亲和保姆的严厉管教，女性气质多于男性气质，很少出去和同伴玩耍，大部分时间都待在家里，因此喜欢听人讲故事或自己想入非非，独自冥思。

直到9岁，裴斯泰洛齐才进入当地的初等学校上学。进入学校后，年幼的裴斯泰洛齐变得开朗多了，虽然每天要在教室坐上数个小时，但他至少可以接触一些书本和写作材料，此外课间休息和放学的路上可以和同伴一起游戏。学校的课程里并没有学习动手能力的内容，因为那时没有手工艺这样的科目，也没有体育课，只有简单的读写算课程、古典语言和宗教课程。学童仅从书本上获取知识，训练自己的思维，他们的动手能力还没有得到发展。

与家庭教育相比，学校生活一度使裴斯泰洛齐兴奋。一旦走进学校，他就犹如决堤的河流、脱缰的野马，一扫童年的抑郁，迅速与同伴们打成一片，嬉戏欢闹。在学校中，有些课程他学得很好，有些课程则差强人意。与人相处中，偶尔会有些磕磕碰碰，但他并不在意。由于性格憨厚、充满爱心、乐于助人，同学们都喜欢和他玩耍。但由于他一些异乎寻常的举止，如经常做白日梦，课堂上注意力不集中，有时在回答问题时牛头不对马嘴，所以不少人经常拿他当“玩物”，不时取笑他笨手笨脚的举止及行为。

18世纪绘画：放学时的“小大人”，反映了成人社会对儿童的束缚及儿童的好动天性

裴斯泰洛齐渴望成为同伴中的一员，他努力“做大家所做，乐大家所乐”，可总是跟不上其他人的步调。他曾痛苦地写道：

> 尽管我很努力，某些东西也学得不坏，但却没有他们那种学习普通课程的能力，因此，别人叫我“傻瓜城的怪亨利”时我也就无话可说了。

“傻瓜城的怪亨利”（Harry Oddity of Foolstown），这样一个绰号跟随了裴斯泰洛齐的一生。

起初，裴斯泰洛齐在学校的表现不是太好，爱胡思乱想，无法专心致志于课程学习；有时答非所问，引起全班同学哄堂大笑。但碰到他感兴趣的问题时，裴斯泰洛齐就表现出极强的学习能力，老师也经常被他的奇思妙想所震惊。那是在表面的愚痴下透射出来的不同凡响的天才的闪光，用“大智若愚”来形容裴斯泰洛齐或许是恰当的。尤其令大家震惊的是，这个表面笨拙柔弱的小男孩在关键时刻比其他孩子都要勇敢。

1755年葡萄牙里斯本大地震

在裴斯泰洛齐不满10岁时，遇到一场巨大天灾。1755年11月1日，葡萄牙里斯本爆发了据地质学家估计为里氏震级 9 级的欧洲历史上最大、最惨烈的一次地震，并引发火灾及海啸。这次地震不仅摧毁了整个城市，导致约十万人丧生，还波及欧洲各地。处于欧洲中心的瑞士虽远在千里之外，也处于地震的波及范围之内。地震来袭时，苏黎世大教堂的两座高塔在不断摇晃，许多灯罩从屋顶上脱落。裴斯泰洛齐所在学校的老师和同学们都匆忙地逃离教室，留下大量物品。这时，有一个勇敢的小小少年挺身而出，在余震不断时，敢于返回教室，取回大家学习必需的课本和书包。这个勇者就是“傻瓜城的怪亨利”。事后，当地报刊报道了这一事例，并称裴斯泰洛齐是“勇敢的亨利”。

裴斯泰洛齐的勇敢还表现在其他方面。他曾沿着城墙，不顾安危，随意跳跃，而城墙下面就是护城河，全然不顾落水的危险；有时候他还敢策马飞奔，快步穿过狭窄的人行桥。这些行为反映了裴斯泰洛齐性格中的另一重要特征。

裴斯泰洛齐从小还有一种强烈的正义感，即对贪污、行贿等腐败行为深恶痛绝。一次，裴斯泰洛齐见到一名同学的考试作业有两处错误，但老师视若无睹。他知道这个同学的家长给老师送过礼，因此老师网开一面。裴斯泰洛齐对此非常愤慨，认为这位老师的行为有失公允，不配做一名合格的教师。还有一次上音乐课，音乐老师喝得酩酊大醉，蹒跚地走进教室，满口胡言，不知所云；他还用棍棒威胁学生，强迫裴斯泰洛齐学习音符，逼其就范。裴斯泰洛齐勇敢地推开这位音乐老师，跑到校长那里投诉，指责音乐老师不务正业，酗酒成性，误人子弟，有损教师的形象。从那以后，裴斯泰洛齐甚至拒上音乐课。

16世纪晚期教师仍用扫帚体罚学生

文法学校的优等生

1757年，裴斯泰洛齐进入加洛林文法学校，接受中等教育。他学习了拉丁语、希腊语和一些大学预科课程。在那个时候，古罗马通用的拉丁语虽然已被各民族语言所代替，丧失了实用价值，但它在学术及神学领域里仍有重要地位，是所有志在学术研究或有某种职业倾向（如布道）的学生必须学习的语言。此时，裴斯泰洛齐一心想成为像他祖父安德烈亚斯·裴斯泰洛齐一样的牧师，以传播上帝的声音、救人灵魂为己任——因为童年时代的裴斯泰洛齐常和祖父生活在一起，深受其言行的影响。由于目标明确，裴斯泰洛齐非常努力地学习，一扫小学时的困窘，15岁时他已是班级中的佼佼者，并以优良成绩升入大学。

青年时代

大学生活

改变专业

1763年，17岁的裴斯泰洛齐进入苏黎世大学加洛林学院学习法律专业。裴斯泰洛齐原本打算像祖父那样成为一名四处布道的牧师，以此实现自己的人生目标。可他内心想表达的自由愿望与教会布道的烦琐规则、仪式相抵触。其次，纤细的嗓音、羞怯的心理、神经质的天性使他第一次布道就以失败而告终。他还发现自己对虔诚的谈话毫无兴趣。

裴斯泰洛齐就读的加洛林学院

此外，由于当时的社会充满苦难和不公正，裴斯泰洛齐目睹了人民遭受的苦难，残酷的现实告诉他，仅通过布道和说教是无法使人民摆脱贫困的。有鉴于此，他最终放弃了当牧师的念头，转而选择了法律，企图通过政治手段来使穷苦大众过上幸福生活。他声称，想当一名律师，因为“当了律师之后可以更好地帮助国家，造福民众”。

苏黎世大学校徽

1835年的加洛林学院

接受思想启蒙

在大学学习期间，裴斯泰洛齐深受加洛林学院历史与政治学教授博德默尔（J.J.Bodmer）及希腊语与希伯来语教授布赖廷格（Breinger）的影响。前者还是德国文学家歌德的朋友。裴斯泰洛齐虽然表现出了一定的学者天赋，但在这方面并没有突出才能。

18世纪下半叶正值欧洲启蒙运动兴起。这场反封建、反教会的思想文化运动席卷了整个瑞士，苏黎世的加洛林学院是这次思想解放运动的主阵地之一。一些思想激进的师生狂热地信奉卢梭（Jean-Jacques Rousseau）、狄德罗（Denis Diderot）等启蒙思想家的思想，猛烈批判封建专制、宗教愚昧和特权主义，大力宣传自由、民主和平等的思想。

博德默尔教授与青年学生交谈

在两位进步教授的指导下，裴斯泰洛齐接受了思想启蒙，痴迷于卢梭的《社会契约论》和《爱弥儿》，反对社会不平等和封建专制制度，主张主权在民、人人平等，崇尚回归自然，认为顺应自然的教育必然也是自由的教育。

卢梭是杰出的民主政论家，《社会契约论》中“天赋人权”“主权在民”的思想是现代民主制度的基石，深刻地影响了欧洲封建专制制度的瓦解和资本主义民主制度的建

法国启蒙思想家让-雅克·卢梭（1712—1778）

法国启蒙思想家狄德罗（1713—1784）

立，后来美国《独立宣言》、法国《人权宣言》的核心观点均出自该书所宣扬的思想。

卢梭也是著名的教育家，其代表作《爱弥儿》是西方教育思想史里程碑式著作。他提出了人性本善、遵从儿童本性、“归于自然”等儿童本位的教育思想，从而掀起了教育史上哥白尼式的革命。

这两本书是被当时瑞士政府封杀的禁书。裴斯泰洛齐在晚年所作的《天鹅之歌》中说：

> 当我读到这部美梦般的书籍时，我自己的理想倾向也被激发到非凡热忱的高度。我把我在家庭、学校所受的教育，同卢梭对《爱弥儿》的要求作了比较，我便觉得我所受的教育太不充分了。

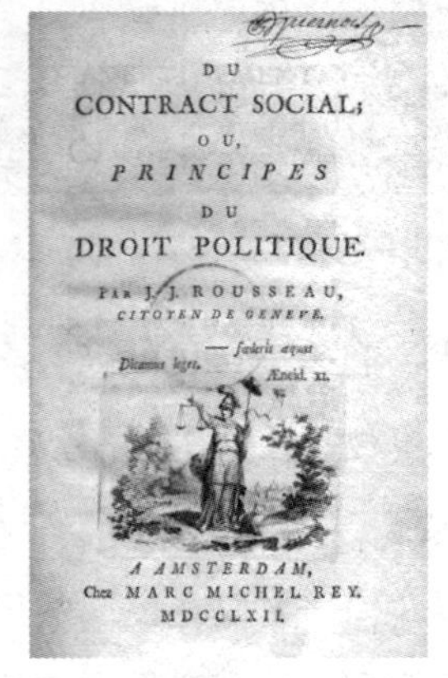

DU
CONTRACT SOCIAL;
OU,
PRINCIPES
DU
DROIT POLITIQUE.
PAR J. J. ROUSSEAU,
CITOYEN DE GENEVE.
A AMSTERDAM,
Chez MARC MICHEL REY.
MDCCLXII.

《社会契约论》1762年法文版封面

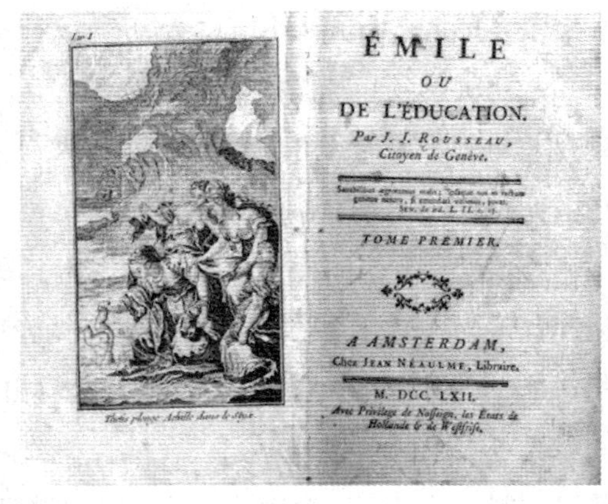

ÉMILE
OU
DE L'ÉDUCATION.
Par J. J. ROUSSEAU,
Citoyen de Genève.
TOME PREMIER.
A AMSTERDAM,
Chez JEAN NÉAULME, Libraire.
M. DCC. LXII.

《爱弥儿》1762年法文版书影

裴斯泰洛齐是卢梭政治和教育思想的忠实崇拜者。卢梭的废除私有制、天赋人权、自然主义教育等思想都深受裴斯泰洛齐欣赏，他对广大贫民的爱、教育心理学化、要素教育等思想也皆源于卢梭。裴斯泰洛齐狂热地信奉卢梭的政治理念，宣传自由、正义和理性，积极投身于民主政治运动。1765年，裴斯泰洛齐加入了青年学生的进步组织“爱国主义者”协会。这个协会是由他的老师博德默尔组织的。

在大学读书时期的裴斯泰洛齐

柏拉图
(前427—前347)

夸美纽斯
(1590—1678)

莱布尼茨
(1646—1716)

孟德斯鸠
(1689—1755)

博德默尔经常利用闲暇时间把有进步倾向的学生招到身边，聚焦在制革工人行会里，探讨新老哲学家的思想，例如柏拉图（Plato）、西塞罗（Marcus Tullius Cicero，前106—前43）、夸美纽斯（Johann Amos Comenius）、莱布尼茨（Gottfried Wilhelm Leibniz）、孟德斯鸠（Baron de Montesquieu）、休谟（David Hume，1711—1776）、沙夫茨伯里（Anthony A Shaftesbury，1621—1683）等，重点探讨和重复的话题就是卢梭的思想。该协会还出版自己的杂志《回忆者》，裴斯泰洛齐曾任主编。

法国启蒙时代名媛杜宾夫人。她在家中举办过无数次沙龙，接待成群哲学家。卢梭曾任其秘书

作为“爱国主义者”协会的活跃分子，裴斯泰洛

齐积极参与集体活动，与志同道合者一起探讨崇高的生活目标，憧憬富有远见的社会蓝图，并且自然而然地把这些图景与他们的城市及周围农村的现实生活相比照。诸如权力掌握在城市少数贵族家庭手里，权力仅为专制服务而不遵从法律；谁批评或为自卫而反对掌权者的专制并要求权利的话，谁就肯定会遭到迫害或流放；附近村庄的农民必须按照规定的价格在城市卖掉他们的产品，而他们所需的大部分物品又不得不在城市里购买；只有城市公民才能从事商业活动，只有城市公民才能成为教士、律师、政府官员等；农民的言论自由受到了极大的限制，谁想公开出版什么，必须首先将其手稿递交给国家部门审批。

参加进步社团活动

“爱国主义者”协会的年轻会员公然于每周三的晚上，在“格尔渥之家”议论历史的和现实的政治问题、社会问题。这些骄傲的自称为爱国者的人，曾多次公开指责那些世俗的和神职的高级官员滥用职权，激起人们的不满。对于是否全面禁止该组织的活动，官方犹豫不决。因为该组织的思想之父和中心人物是国际著名文学评论家、历史学教授约翰·博德默尔。他用古典的和瑞士的历史教育了年轻的裴斯泰洛齐，使之树立了为集体服务的、简朴的生活理想。

进步大学生的聚会地点“格尔渥之家”

在每周的讨论中，矛头都指向统治阶级的独断专行和不公正的统治方式，旨在揭露政府官员、教士及法官的权钱交易、腐败恶劣的行径。

进步学生的言行使统治者们焦虑不安。他们威胁、打压学生，控制言论和出版。但博德默尔的社会声誉也令贵族们有所忌惮，不敢采取过激的行动。由于政府控制了所有的印刷机，任何有损其名声的报刊或书籍都不可能出版，学生们只能把他们的思想抄写下来，在朋友之间相互传阅。

1767年1月29日，裴斯泰洛齐因编辑一本宣传起义的小册子而遭当局怀疑，进而被捕，在市政厅收监，平生第一次遭受牢狱之灾。但这本小册子的真正作者在逃往国外的途中自我暴露了。由于不是作者，三天之后他就被释放了。然而，由于毕竟脱不了干系，裴斯泰洛齐不得不在公开场合烧毁小册子，以此为他的行为付出代价。当焚书的柴火堆冒起浓烟时，裴斯泰洛齐嘴里叼着烟，双手背在身后，和几个朋友在附近的屋顶上来回踱步，胜似闲庭信步。显然，裴斯泰洛齐的行为带有一点挑衅性，他试图以独特的方式表达对当局的不满。

苏黎世市政厅，1767年初裴斯泰洛齐曾被关押在此

关押裴斯泰洛齐的房屋

1766年，裴斯泰洛齐在《回忆者》杂志上发表了《愿望》一文，以揶揄的口吻说道：

一个年轻人，一个像我这样的小人物，在自己的祖国本不该有批评缺点和改良社会的想法，因为这超越了他的权限。几乎每天都有人这样对我说。但是，我总可以有自己的愿望吧？是的，谁能禁止我并因此而指责我呢？因此我要表达我的愿望，并把我的愿望印发给人们阅读；谁嘲笑我的愿望，就是病入膏肓了，我祝愿他早日康复！

裴斯泰洛齐不惧恐吓，身先士卒，在杂志上大义凛然地声明：

没有一个伟人是太懒散的，没有一个伟人认为以纯真的勇气为大众利益而工作是有损于他的尊严的！谁也不应该看不起周围地位低微但更加勤奋而忠实的人！

某些富人竭力全部买下并清除所谓使青年人误入歧途的下流作品！——这是多么愚蠢的愿望！

但愿每一个有道德的人努力通过好的事例，好的监督和引导，成为独一无二的人。这样，好人的数量立刻就会翻一番！

我希望政治性的嘲讽，嘲讽那种想从我们公民心中消除自由和权利概念的时髦的国家学说，以及嘲笑那些口头或笔头散布专横暴虐的原则的人的文章。

瑞士人心目中的民族英雄威廉·退尔

瑞士爱国诗人约翰·卡斯帕尔·拉瓦特尔（1741—1801）

从上述言论不难看出，青年裴斯泰洛齐就是一名真诚的爱国者，不惧强权，追求正义与自由，很早就怀有为改善贫困民众的生活环境而奋斗的抱负。

此外，他对瑞士的历史自豪不已，他想通过教育来恢复人们已经失去的尊严，解放长期被压迫的人性。1767年，瑞士著名诗人约翰·卡什帕·拉瓦特尔（Johann Kaspar Lavater）发表了一首广为流传的《瑞士歌集》，表达了豪迈的爱国情操，从而激发了瑞士民众的爱国热潮。裴斯泰洛齐对这位杰出的诗人表达了由衷的喜爱。

爱情佳话

1767年，裴斯泰洛齐21岁，正值青春勃发的年纪，然而围绕他的外部环境不断恶化。历经不屈奋斗后，“爱国主义者”协会还是被当局取缔。在对当局及大学生活失望以及受卢梭自然主义思想影响的情况下，裴斯泰洛齐中断了学业，决定回到农村自然生活中去，试图通过自己的亲身实践去改变落后、贫穷的村庄面貌。

青年时期的裴斯泰洛齐

然而，在激烈的斗争旋涡中，在前途未卜的彷徨及谋划中，一件足以影响裴斯泰洛齐终生的大事不期而至：他恋爱了，想结婚，想拥有一个自己的家庭。

裴斯泰洛齐有一名校友叫约翰·卡什帕·布伦奇利（Johann Kaspar Bluntschli），同学们都叫他梅纳尔科（Menalk）。梅纳尔科豪侠仗义，喜欢社交。裴斯泰洛齐与其相交甚笃。在梅纳尔科的朋友圈中，有一位名叫卡什帕·舒尔特斯的青年，是一位糖果富商的儿子。同学们经常到舒尔特斯家里聚会，讨论社会正义、政治民主、农业救国等思想。每逢这种场合，卡什帕·舒尔特斯的姐姐安娜·舒尔特斯也喜欢参与他们的谈话，以至于成为梅纳尔科的红颜知己。正是通过梅纳尔科的关系，裴斯泰洛齐结识了安娜。

舒尔特斯一家是苏黎世有权有势的家庭。安娜是家里的独生女，是当地出名的美女。其父是成功的商人，母亲则是一位霸道、高傲、冷酷的妇人。安娜的家庭教养极为严格，父母对子女要求苛刻，父母之命必须遵从，不服者就要受到惩罚，甚至被赶出家门。安娜原是一个乖乖女，她把这种顺从看作上帝所喜欢的生活方式，因此她绝不会同意没有父母祝福的婚姻。

年轻时的安娜·舒尔特斯

安娜比裴斯泰洛齐大八岁，与他认识时，已属大龄女。她虽然不乏追求者，但对一般纨绔子弟不屑一顾，绝不迁就；而父母对独女的婚配亦十分挑剔，以至于年近三十，仍待嫁闺中。

裴斯泰洛齐与安娜首次见面时，就被安娜美丽的容貌及不凡的气质所吸引。安娜不仅外表端庄，楚楚动人，而且温柔贤惠，善解人意，富有教养。而裴斯泰洛齐则相貌平平，父亲早逝，母亲是城里没有社会地位的寡妇，没有显赫的家世，自己只是一文不名的穷学生而已。显然，二者门不当、户不对。起初，安娜与裴斯泰洛齐交往时，对小自己很多的裴斯泰洛齐也未产生好感。从小生活优越的她认为他们之间存在着明显的社会等级之别、年龄差别，彼此只是以礼相待而已。就在这时，一个突如其来的事件为二者的结合提供了契机。

上面提到的梅纳尔科是一位心灵纯洁、道德高尚的青年，是群体中的行动模范，他的一言一行都影响着周围的朋友们，也包括安娜及裴斯泰洛齐。可惜这位爱国志士英年早逝，24岁时死于肺病。梅纳尔科一度与安娜走得较近，这使裴斯泰洛齐有所忌惮，心里有爱口难开。梅纳尔科的病逝消除了障碍。安娜与裴斯泰洛齐在深感悲痛之时，合写了一篇共同纪念梅纳尔科的文章，为此两人逐渐走近。为讨论有关问题，裴斯泰洛齐曾给安娜写过一些便笺，安娜简短回复之后并未作他想，却唤起了裴斯泰洛齐心中强烈的爱情欲望。这股激情以火山爆发之势驱动着他与安娜交往，对失去一位共同挚友的哀悼也使两人有了相互的交流话题，爱情之火越烧越旺。虽然家境贫寒，相貌平平，但裴斯泰洛齐有一个优点吸引着安娜，就是他身上有一种为理想和信念而奋斗的执着精神。安娜终于克服了上流社会女性的矜持，开始接受裴斯泰洛齐的爱。她在写给裴斯泰洛齐的信中说："若是自然没有给你那双又黑又大的眼睛，借此证明你心地善良、精神崇高的话，我相信你丝毫也没有得到自然的恩惠。"

裴斯泰洛齐与安娜互生情愫

由于两人的家世背景相差实在太大，所以安娜在与裴斯泰洛齐私通款曲的同时，向父母暂时隐瞒了这段感情。然而纸是包不住火的，安娜的父母在得知有一位穷小子在追求自己的女儿之后，立即关紧了大门，阻止他们往来。

在安娜父母的强烈反对下，他们只能秘密地借助鸿雁传书，表达彼此的情意。安娜的弟兄深明大义，成为传递书信的"使者"。1767年春至1769年9月，两人的书信多达468封，可排满650多页，成为二人爱情坚贞的物证。

两位恋人的交往并非一帆风顺，其中既有波折，也有反复。有一封裴斯泰洛齐早期给安娜的信这样写道：

亲爱的安娜，我又重新徒劳地寻找我的宁静！我看到：我失去了希望。我将由于草率而受到永久烦恼的惩罚。我敢于注视您，和您谈话，给您写信，在我纪念梅

青年时期的裴斯泰洛齐

纳尔科的文章里对您特有的感受表示同感。如果不存在希望的话，那么我应该了解我内心的弱点，应该避免这样的危险！现在我该做什么呢？让我沉默，以默默的忧伤折磨我的心灵；让我不抱希望，不期待减轻我的痛苦吗？不，我不想沉默，如果我真的知道，不允许我有任何希望的话，这将减轻我的精神负担！——可是我应该希望什么？您见过梅纳尔科，像他那样的男人必定是您可以爱的男人。而我呢？我是谁？在梅纳尔科和我之间存在着多大的差距啊！我和梅纳尔科不一样，我对您来说不值一文，我已感受到这些残酷的话对我是怎样的致命打击啊！我知道，我理应得到回答。……我整天不工作，无所事事，思想不集中，总唉声叹气地走来走去，寻找消遣但又找不到。然后我拿起您的信，读着它，再读一遍，梦想着，希望着，可又毫无希望。我谎称生病欺骗我那温柔、担心的母亲。我避开朋友，躲避白天的光亮，而把自己关在孤独的黑房间里。我倒在床上，却毫无睡意，也得不到安宁，我折磨自己。我整天只想着您，想着您说过的每一句话，想着我见过您的每个地方。我心中失去了一切力量和一切安宁，我完全取决于您。噢，我该是如何卑贱，如何受人蔑视地向您表示，我寻找得到您尊重的那一刻！……我给您写了三次信，又三次将它撕碎；这封信我不想再撕了。我把现在要说的话当作我的义务，因为我若继续沉默，我的健康和道德状况就将受到损害。您了解我的心；您知道，它永远不会有任何伪装；您知道我胆怯；您肯定知道，我给您写信要经过多少思想斗争。上帝啊！请帮助我等待重要的答复。您，无与伦比的舒尔特斯，请您赶快把我再赠还给我自己吧。噢，这个决定性的时刻！我的思想在跳动；我将怎样忍受它，我的幸福、我的安宁和未来，我自己——一切都取决于您的这个答复。请您快些，我乞求您，给您的裴斯泰洛齐回信吧！

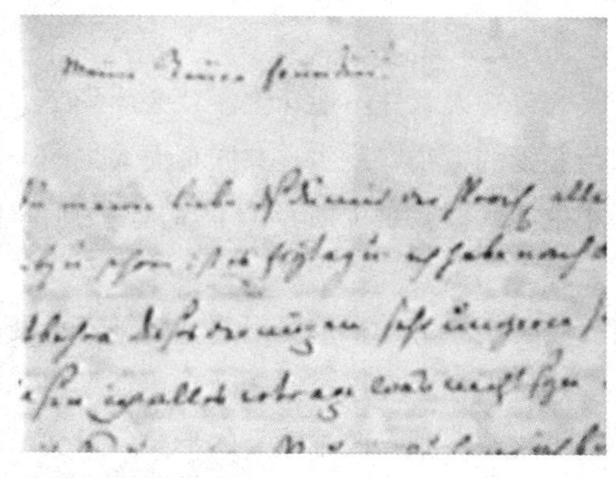

裴斯泰洛齐写给安娜的信

安娜收到此信后，小心翼翼地权衡着这份地位、年龄不平等的爱情。为了考验裴斯泰洛齐的真情实意，她故显淡然，且回信非常简短："多么出乎意料！这一切出现在我面前是多么陌生！"裴斯泰洛齐收到回信之后却异常兴奋，迅速全身心地投入到这份情感当中。在多次写给安娜的信中，他毫无保留地阐明了他一心为民的人道理想，言辞之间夹杂了诗情画意，幽默而温馨。经过多次交流，安娜终于开始承认这段恋情，并且接受了这位为追求理想、追求爱情而奋不顾身的痴情男孩。

当安娜对裴斯泰洛齐真挚的爱情攻势给予强烈的正面回应时，眼看大功告成，姐弟恋将修成正果时，裴斯泰洛齐却一度退缩，未报以同样的激情或共鸣，而是退回了孤独、安静的角落。这是因为他开始严肃思考他们未来的诸多问题，思考事业与爱情、家庭的关系问题。

首先要关注的是裴斯泰洛齐挽救广大贫民于水火的事业心与爱情的关系问题。从青年时代，他就确立了救国救民的远大抱负，但这与爱情是否冲突，是否会给爱人幸福人生？裴斯泰洛齐需要确定优先权，并将事实及一切可能发生的后果告诉自己的爱人。

裴斯泰洛齐写了一封长信，将他未来的生活打算以及可能面临窘迫的生活前景告知了安娜。最后他说：

> 可能在未来的岁月里会出现把我这个庄园召走的情况。我将始终做我作为忠实公民对人民和祖国有责任做的事。
>
> 我可以毫不怯弱地说，一旦祖国需要，为了祖国的利益，我将不顾自己的生命、妻子的眼泪和我的孩子，去为我的祖国服务。

善解人意并不迷恋上流社会浮华生活的安娜被裴斯泰洛齐的真诚告白所打动，决心与心爱的人厮守终生，共同直面人生的一切磨难，互相帮扶，共克时艰。这对于一位从小生活优渥、娇生惯养、不知贫困为何物的富家千金来说，是一次艰难的但义无反顾的选择。

其次还有一个重要问题，就是安娜父母的竭力反对，注定了他们的婚姻得不到父母的真心祝福。在这个问题上，裴斯泰洛齐也希望安娜思考清楚，不要后悔。安娜对此亦毫不犹豫。她一改乖乖女的形象，对父母百般乞求，不达目的不罢休。在安娜的软磨硬泡之下，爱女心切的父亲眼看阻挡无功，最先妥协，准许他们结婚，并且还劝说安娜的母亲接受这门婚事，尽管她十分不情愿，甚至放出狠话："富有的女儿除了她的衣服和钢琴外，什么都不许带进婚姻里。”

“东边日出西边雨，道是无晴（情）却有晴（情）”，这是裴斯泰洛齐与安娜的恋情的写照。世俗传统思想的束缚终究未能战胜爱情的力量。1769年9月30日，一文不名的穷小伙裴斯泰洛齐与千金女安娜步入了婚姻的殿堂，喜结连理。

安娜的父母尽管默许了女儿的婚事，但由于并非自愿，在结婚当日，他们不顾当地传统风俗习惯，不准许裴斯泰洛齐去娘家迎娶新娘。痴情的安娜不得不独自一人在寂静的清晨，告别父母，沿着苏黎世古老的街道踽踽独行，徒步来到新郎家中。途中的心情五味杂陈，不难想见。但为了真爱只有义无反顾，乃至违逆父母的愿望。

临别时，母亲告知她：“但愿你像你所希望的那样，因为你是接受水和面包的邀请去的！”不过后来安娜的父母还是原谅了女儿，并分配给她丰厚的遗产。这些遗产在后来裴斯泰洛齐的办学过程中发挥了重要作用。这是后话。

裴斯泰洛齐与安娜的结婚典礼在一个破旧的小教堂举行，十分简陋。除了裴斯泰洛齐一方的亲属外，女方只有安娜的一个兄弟参加了婚礼。

尽管如此，婚后的安娜过得十分幸福——这当然仅就夫妻感情或精神层面而言，实际物质生活则常陷于困窘之中；但无论生活如何艰难困苦，安娜从未抱怨。她甘愿放弃富裕的生活，跟随裴斯泰洛齐来到农村，倾其所有，一心一意做裴斯泰洛齐事业的坚强后盾。安娜下嫁裴斯泰洛齐及倾其所有协助裴斯泰洛齐办学的经历成为千古佳话。

牛刀小试的农业改革实验——新庄起步

当农民的理想

1762年，卢梭的《社会契约论》和《爱弥儿》相继问世，超凡脱俗的见解及犀利的语言如闪电般划破漫漫长夜。苏黎世的进步大学生奔走相告，争相阅读，一时洛阳纸贵。人们为启蒙思想家的思想倾倒。年轻人变得异常愤世嫉俗，对社会不平等和不公正的现象表现出了强烈的不满，学生运动风生水起。

当权者想方设法打压学生的各种抗议行为，但他们却很难左右学生的思想。卢梭在《爱弥儿》的开篇即指出："出自造物主之手的东西，都是好的，而一到了人的手里，就全变坏了。"城市生活扰乱了人类自然的本性，偏见、权威、欲望、利益充斥着整个封建社会。卢梭深刻揭露了封建制度对人性的压抑和泯灭。他崇尚自然主义，主张回归农村的自然生活，让人类免受各种不良舆论及习俗的冲击。他认为："城市是坑陷人类的深渊。经过几代人之后，人种就要消灭或退化；必须使人类得到更新，而能够更新人类的，往往是乡村。"

苏黎世的许多大学生信奉卢梭的自然主义思想。他们开始厌倦肮脏、虚荣、奢靡、堕落的城市生活，觉得农民的生活简朴、有生气，与自然有着紧密的联系；他们崇尚自然的、有道德的及自由的生活，不愿受当权者的肆意摆布和压迫；他们渴望回归自然，回到卢梭所描述的充满诗情画意的农村生活中去。因此，当时不少学生利用白天的闲暇时间到乡间去务农，亲身体验农村的自然生活。到了晚上，他们则互相骄傲地伸出双手，比较谁的手更粗糙。对这些学生而言，这种“返璞归真”的生活使他们感到身心愉悦、神清气爽。卢梭在书中所描述的自然环境是那么亲切、淳朴和美好，他们沉醉于这样的田园生活，乐此不疲，乐不思蜀。

日内瓦的卢梭纪念铜像

裴斯泰洛齐自幼生活在社会底层，深谙广大民众的疾苦。在这场崇拜卢梭的潮流当中，他也是一名积极分子，与同学们一道追寻着自然的理想。在18世纪末瑞士传统农业经济变革的背景下，裴斯泰洛齐对自然的憧憬驱动着他向农民接近，他想通过自己的努力去改变贫民的窘迫生活。

卡支律率提霍夫村

在苏黎世附近有一个名叫卡支律率提霍夫的村庄。此地村民喜读歌德的作品，被称作哲学农民。尽管是少数人群，与他们接触后，村民的生动实例，加之当时不断增长的重农主义思想的影响，也都是促使裴斯泰洛齐下定决心务农的因素。

1767年，裴斯泰洛齐与安娜处于热恋之中，他们的婚姻遭到女方父母的反对，重要理由是裴斯泰洛齐家境贫寒、社会地位低下，且没有正当职业。基于帮助农民及养活家人的双重考虑，他设想：

> 我应该帮助农村地区的人们克服贫困。城市生活腐化堕落，使人骄傲自负、欺诈，不值得留恋。我想当一个农民。这样，兼顾了第一个目的，同时我也可以养活我的家人。

是年9月，还是大学生的裴斯泰洛齐决定提前中断学业，去当一名真正的农民。他离开苏黎世后，来到伯尔尼的基希贝格，师从当时著名的农学家约翰·鲁道夫·契费利

(Johann Rudolf Tschiffeli) 学习农业技术。

契费利不仅是一名杰出的农学家，而且是一名富有的商人、卓越的经济学家、远近闻名的律师。他尤为熟悉新的耕作方式，精通新的生产工具，在种植新物种方面取得了重大成就。

1758年，契费利创办了伯尔尼的经济学会，其影响力已经从瑞士远播国外。当时赫赫有名的生物学家阿尔布莱克·冯·哈勒 (Albrecht von Haller) 应邀担任该学会的主席兼秘书。

约翰·鲁道夫·契费利
(1716—1780)

阿尔布莱克·冯·哈勒
(1708—1772)

约翰·鲁道夫·契费利在基希贝格的住宅

作为文艺复兴和近代自然科学发展的结果，18世纪下半叶，农业处于根本性的变革当中，新技术、新生产工具不断涌现。契费利是瑞士这场农业革命的主要推动者。他摒弃传统的“三田经营法”，引进新物种，使轮作制成为可能，提升了土地的利用率。他还使用化学肥料，改良土壤，提高植物的产量。裴斯泰洛齐想以契费利为榜样，通过农业改革来改善贫困农民的生活境况。

契费利的农场，裴斯泰洛齐在此学习过九个月

契费利通过经济学会宣传农业改革思想，推动了18世纪下半叶瑞士农业改革运动的发展。作为一名实干的农业改革家，契费利分别在伯尔尼的基希贝格和莫塞多夫拥有实验农场，裴斯泰洛齐就在他的基希贝格农场当学徒。

在那里，契费利向裴斯泰洛齐分享了劳动经验，他毫无保留地将自己潜心习得的农业知识传授给了裴斯泰洛齐。裴斯泰洛齐学习了农田作业、农产品的种植与照料以及加工和销售，学会了用农作物的果实制作罐头，延长食物的保质期；还学会了用新的施肥方式改良土壤，提升农作物的产量。此外还学习了一些必要的经济核算知识以及和生意人打交道的方式。

经过九个月的勤奋学习，裴斯泰洛齐觉得他已经具备足够的生产技能与管理经验来经营自己的农场，于是决定辞别恩师，单打独干，去实现自己当农民及救民于水火的理想。

新庄实验农场创办始末（1768—1774）

新庄的建立

裴斯泰洛齐一心想通过自己的努力去帮助贫困农民摆脱饥寒交迫的生活。他虽从契费利那里学会了农业改革的新方法，但要有用武之地，必须有自己的实验基地。在家乡苏黎世附近购置一块土地，亲自带领农民去改变他们的生活方式，成为首选。

盾（guilder）是近代瑞士、德国、荷兰等国通用的一种银币

裴斯泰洛齐看中了离苏黎世25公里的小村庄——比尔（Birr）村，这里有大量空闲土地。但购置土地的钱从何而来呢？这让裴斯泰洛齐颇费踌躇。幸运的是，他成功劝服

了苏黎世商行的一位银行家资助他的农业改革计划。这位银行家和裴斯泰洛齐的妻子同姓，都叫舒尔特斯，所谓五百年前是一家，或许是受银行家青睐的次要原因。银行家为裴斯泰洛齐办理了5000盾的银行贷款。裴斯泰洛齐的母亲又给了他1000盾，主要是从裴斯泰洛齐父亲的遗产中攒存下来的钱。就这样，1768年，裴斯泰洛齐用这些来之不易的钱财，在比尔购置了20公顷土地，建立了自己的农庄，还取了一个颇有深意的名字——“新庄”（Neuhof，或音译为“诺伊霍夫”）。

新庄外景（J. Aschmann 1780年绘制）

1769年9月，裴斯泰洛齐和安娜结婚时，新庄尚未完全建成，他们不得不蜗居在邻村的一间破木屋里，一年半以后才搬进新庄，开始新的生活。

裴斯泰洛齐与安娜在新庄爱的小巢

终于有了自己的创业基地，裴斯泰洛齐梦想着和妻子一起实现他的人生目标：“消除我所见到的人民陷入贫困的根源。”裴斯泰洛齐对一路伴随的妻子满怀热情，在一封给安娜的信中，他默默地构想着自己未来的生活：

亲爱的安娜，我们将来会幸福的！我们会在散步的路上碰到邻居，他们所有人都对我们非常友好，包括你看望过的曾经生病的女人、我们帮助过的患难之中的男人、那些受惠于我们的孤儿以及在我们农场工作获取微薄收入的劳动者。

想到这里，裴斯泰洛齐的眼睛散发出喜悦的光芒：“亲爱的，我们未来的生活多么美好啊！”

与村民的冲突及裴斯泰洛齐的无奈

理想很丰满，现实却很骨感。尽管裴斯泰洛齐对前景的设想非常美好，但实际情况却完全两样。

农场的经营状况与他的初衷完全不同。裴斯泰洛齐原本计划按照在契费利那里学习的新知识、新技术来经营自己的农场。他种植了红豆草——一种绿色的饲料植物，并且开始培育茜草的工作。这两种植物都有不菲的经济价值。如茜草的根可以用于染色。裴斯泰洛齐寄希望于制造出一种用于染布的红色染料。他看到了商机，深信可以从这些植物身上获取丰厚的利润，打算示范成功后用于帮助贫民。

裴斯泰洛齐实验农场的种植物之一：种子红豆草

裴斯泰洛齐实验农场的种植物之一：田野生长的红豆草

裴斯泰洛齐实验农场的种植物之一：茜草

用于染色的茜草根

实行轮作制的农田

对于附近的农民来说，裴斯泰洛齐采用的种植方法看起来陌生而有趣味。但他们不相信这个其貌不扬的、外来的、年轻的“城市农民”，不理解裴斯泰洛齐的所作所为。他们因循守旧，习惯于在自己贫瘠的土地上种植，哪怕收成欠佳。他们无视裴斯泰洛齐精心培植的新作物，任意驱赶牛羊到他的农场里吃草，还理直气壮地说：“我们一直在这里种植和放牧，每三年会让土地轮休一次。……在轮休这一年，所有农民都会让他们的牲畜在任何地方吃草。我们一直就是这么做的。”一块土地的轮休意味着这块土地一整年都不会种植任何农作物，自然也不会有任何收益。轮休的目的虽是为了让土壤恢复生机，但浪费资源无人顾及。

裴斯泰洛齐从契费利那里学会了轮作制，即在一块土地上轮番播种不同的农作物，以丰富土壤的构成；且不让土壤轮休，这样每年都可以播种农作物，都有收益。无知的农民不知道茜草的根需要四年的时间才能成熟。裴斯泰洛齐试图解释给他们听，但无济于事。裴斯泰洛齐建立起围栏，阻拦农民的牲畜进入自己的农庄，农民群起推倒围栏。最后，此事还闹上了法庭。虽然法庭最终的判决站在裴斯泰洛齐这一边，禁止农民靠近他的农场，但这也使裴斯泰洛齐与村民的关系变得紧张起来。

对裴斯泰洛齐来说，更糟糕的是，这些愚昧的农民怀恨在心，悄悄地在苏黎世的那位银行家面前诋毁裴斯泰洛齐的形象，指责他我行我素，扰乱正常的社会生产秩序。

1770年夏，因为一些愚民的报复行为，导致借贷给裴斯泰洛齐的苏黎世银行家听信谗言，逼迫裴斯泰洛齐提前偿还贷款。裴斯泰洛齐那时是无论如何也无法偿还5000盾的。因为新庄的基础建设尚未完工，木匠还没有给新房子盖上屋顶，他甚至还没有收获一次庄稼。他的母亲早已倾其所有，为他拿出了自己省吃俭用攒下的一点点积蓄；他甚至花光了父亲逝世前留下的为数不多的遗产。此时，裴斯泰洛齐已陷入了巨大的债务危机。

18世纪70年代初，由于自然灾害频频，整个欧洲的农作物都处于歉收状态。裴斯泰洛齐种植的农作物也未能幸免，几乎颗粒无收。加之村民的骚扰，惨淡经营几年后，他就债台高筑了。

1774年，裴斯泰洛齐不得不卖掉他的牲畜，并且出租他的大部分农场，以筹集资金还债。尽管如此，他仍然拖欠了不少债务，导致焦头烂额。幸好安娜的父母这时与女儿和解了。血浓于水，理解了两人生活的艰辛后，爱女心切的安娜父母替裴斯泰洛齐支付了剩余的债务，裴斯泰洛齐夫妇总算暂时渡过了难关。

19世纪苏黎世的手工工厂

此后，裴斯泰洛齐还尝试过做棉花贸易。19世纪前后的苏黎世手工业发达，是欧洲著名的棉纺织及贸易中心，作为一名苏黎世公民，他有权做这样的事。但裴斯泰洛齐并不是一个善于经商之人。他心地善良，不擅算计，甚至因为雇用别人为自己谋取利益而感到内心愧疚。所以，此次生意又以失败而告终。几度沉浮后，裴斯泰洛齐一贫如洗，除了拥有新庄这个空架子，和其他农民没有什么两样了。

《育子日记》

事业陷入困局的同时，家庭生活也面临不幸。1770年8月14日，安娜为裴斯泰洛齐生育了一个男孩，这也是他们俩终生唯一的孩子。为了表达对法国启蒙思想家卢梭的崇敬，他们给孩子取名“让-雅克”（Jean-Jacques），并且亲切地称他为“沙格利”(Schaggeli)。

孩子的出生本是家中的大喜事，然而不幸从沙格利一出生就如影相随。沙格利虽然外表俊美——显然遗传了母亲的基因，惹人爱怜，但天性脆弱，体质羸弱，患有癫痫，童年大部分时间都疾病缠身，让父母揪心。爱子的健康和教育问题一直是萦绕裴斯泰洛齐夫妻心头的重要问题。裴斯泰洛齐开始尝试用卢梭的自然教育原则养育沙格利，实践后发现纯粹自然的教育不够完善，遂加以改进，并将自然教育和社会教育相结合，重视孩子的社会适应能力的

裴斯泰洛齐与安娜的儿子沙格利（1770—1801）

培养。

裴斯泰洛齐为了更好地养育沙格利，孩子出生后，独辟蹊径，采用跟踪观察法。他坚持数年，写了《育子日记》，并于1774年出版。此书成为幼儿教育史上的宝贵文献。这种以育儿日记形式记录、探讨、总结育儿经验及幼儿身心发展历程的实证式研究方式，亦为后来众多育儿专家所仿效。在中国，著名幼儿教育家陈鹤琴20世纪20年代所写的《育子日记》成为另一个经典案例。

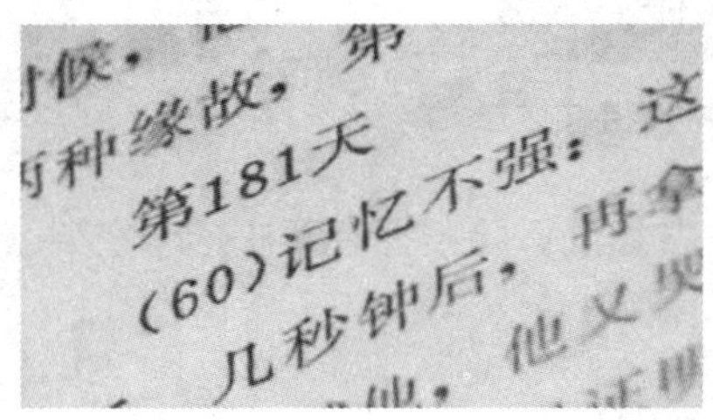

1920—1923年，中国著名幼儿教育家陈鹤琴写的《育子日记》（片段）。有关材料后成为其名著《儿童心理之研究》（1925）的主要实证材料

沙格利的出生、成长及育儿经验的积累是裴斯泰洛齐日后转向贫民教育实践的另一个重要原因及契机。

沙格利还有过一位家庭教师。在新庄贫儿教养院关闭后，裴斯泰洛齐夫妇曾于1782年将爱子沙格利送到朋友巴塞尔商人菲利普·巴瑟尔（Felix Battier）的家中，接受家庭教师彼得·彼得森（Peter Petersen）的教育。菲利普·巴瑟尔后来还担任过裴斯泰洛齐的顾问。

巴塞尔商人菲利普·巴瑟尔（1748—1799）

新庄农业改革实验的反思

在19世纪瑞士工业化的进程中，在农村思想愚昧落后的阴影之下，裴斯泰洛齐帮助农民改变其穷苦命运的种种尝试均以失败而告终。于是，他开始反思这种帮助贫民的直接手段——提供先进技术和改变传统劳作方式是否能真正改变村民的贫困生活。他们抵

制这种变革的原因是什么？是思想或认识上的保守主义还是其他原因使然？

裴斯泰洛齐的反思有了答案。他认为村民们抵制农场改革实验的原因在于贫民的思想尚未受到启蒙，对新事物缺乏认识，因此因循守旧，不愿意尝试变革和创新，归根结底是贫民的文化教育水平低。他说：

> 穷人之所以穷，绝大部分原因是他们没有受教育，使他们能挣钱以维持生计。因此，人们必须消除贫穷的根源。

裴斯泰洛齐把贫苦民众贫穷的根源归结为教育，这是他后来毕生致力于贫民教育事业的重要原因，也是他由农业改革实验（或社会改革实验）转向教育实验的肇始。

新庄一角

第一次教育实验——新庄（1774—1780）

新庄贫儿教养院的建立

1774年，新庄实验农场濒临倒闭。在深刻反省失败的原因之后，不甘寂寞的裴斯泰洛齐有了帮助穷人的新办法。他决定另辟蹊径，走一条前人没有走过的路，即利用新庄原有的土地及设施，开办贫儿教养院，教育贫民的子女，改变他们下一代的命运。他写道：

> 这一事业没有前人，没有指路人。令人烦恼的是，在开明的年代里，想有效地帮助穷人，在这项对人类如此重要的事业中却像在黑暗的荒野地里走着从未开辟的路。

受到过拖累的裴斯泰洛齐的亲戚再也不想听到任何有关此类计划的任何信息。他们知道，想入非非的裴斯泰洛齐此时已身无分文了，如果再把流浪儿童接回家，不啻自找麻烦，雪上加霜。

但是，裴斯泰洛齐不顾亲戚们的反对，坚决不改变他的想法：

> 成千上万的孩子在街上流浪……没有人关心他们。他们需要的是一份体面的工

作。他们应该学会读写算。他们需要一个家。……我想尽我所能去照顾那些被忽视的孩子。他们会在家和花园里帮助我们。我们将解决他们的温饱问题，教他们纺纱、织布。一旦他们掌握了此类技能，我们就会从他们的劳动中获取报酬，来支付我们的生活开支。此外，在工作时我还可以教他们读写算。最重要的是，他们可以感觉到家一般的舒适。通过这种方式，他们就可以走上正途，变成好人。

流落街头的儿童在从事与年龄不相符的劳动

累弯了腰的贫苦儿童

为了实现办学理想，裴斯泰洛齐又开始觍着面皮，甚至不无卑躬屈膝地向亲戚、朋友以及任何认识的人借钱，然而同情他的人却不多。

他还企图寻求公众的帮助，力图用贷款来维持教养院的运作，答应放债者定会偿还借款。

裴斯泰洛齐之所以做出办理贫儿教养院的重要决策，与他的一个信念或愿景也有关，他深信教养院一旦开办，且走上正轨，便可从儿童的劳动所得中获取足够的报酬，达到自给自足。

济贫院的儿童遭到虐待

在裴斯泰洛齐之前，欧洲已存在诸如济贫院、孤儿院、育婴院、养老院、疯人院等多由教会开办的济贫机构，然而这些机构一般物质条件极其恶劣，管理极其糟糕，口碑极差。裴斯泰洛齐决心走一条完全不同的道路，为贫儿造福。

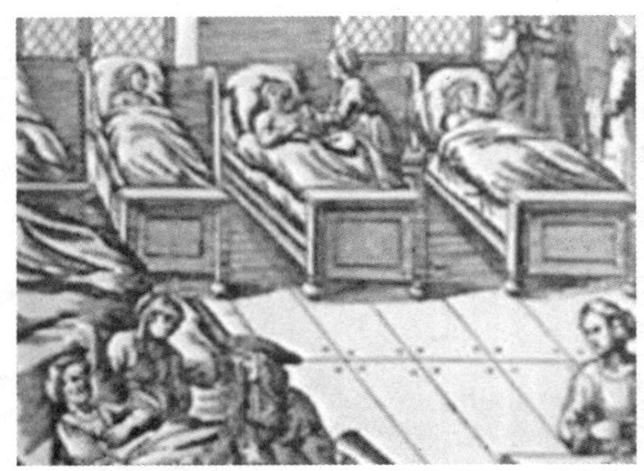
18世纪的养老院：奄奄一息的老人

法国巴黎的疯人院（1795）：病人被铁链锁住

通过摩顶放踵，胼手胝足，筚路蓝缕，惨淡经营，裴斯泰洛齐把他的新庄逐渐变成了穷孩子的家和学校。1776年，已有22名从穷街陋巷、村头地尾招收、征集的儿童生活在裴斯泰洛齐的新庄贫儿教养院中。1778年增加至37名儿童。最多时达到80名。他的独生子沙格利也置身其中。由于入院儿童人数渐多，裴斯泰洛齐雇请了一些成人参与照顾、指导。在教育沙格利的同时，裴斯泰洛齐和妻子精心照顾这些贫民子弟、孤残儿童和流浪儿童，给他们吃喝，对他们开展基本的文化、道德教育和劳动教育。这是史无前例的一场教育实验。

新庄贫儿教养院招收的有智力障碍的儿童

新庄贫儿教养院招收的儿童

帮助穷人是裴斯泰洛齐的使命

新庄贫儿教养院的教育内容

劳动教育及教劳结合

关于劳动教育，裴斯泰洛齐之前有人提及。如文艺复兴时期的英国空想社会主义者托马斯·莫尔（St. Thomas More，1478—1535）就在著名的《乌托邦》（1516）一书中提到过。裴斯泰洛齐则是西方教育史上第一位提出教劳结合的思想并付诸实践的教育家，其教劳结合的实践就来源于他在新庄的第一次教育实验。

莫尔著《乌托邦》

劳动教育是新庄贫儿教养院的主要教育内容之一。这种劳动教育是适应当时资本主义萌芽的生产方式而实施的手工教育、农业劳动技能培训等。

裴斯泰洛齐专门聘请了熟练的织布师傅来新庄教孩子们学习纺织。纺织是贫儿教养院儿童最重要的学习手艺。教养院还设有干酪制造厂，聘有技术工人传授儿童制造干酪的手艺。附近还有一小片土地，在空余时间或农耕季节，裴斯泰洛齐会亲自带领孩子们到地里进行园艺劳动，让他们掌握耕种和改良小块田地的能力，认识饲料作物和粮食作物，学习种树、嫁接树木等，生产日常生活所必需的粮食、蔬菜，如土豆、萝卜、豆类等。他不赞成搞大农业，因为他预计孩子们日后不可能自己拥有农庄，而只能通过家庭手工业或工场劳动来养活自己。此外，还让孩子们学习日常事务，熟悉家务，如备办饲料、照顾炉灶等。女孩子还要学习烹调、缝纫等。裴斯泰洛齐期望以孩子们从事纺织工作而获得的收入作为教养院日常生活的主要经费。

在农场劳作的儿童

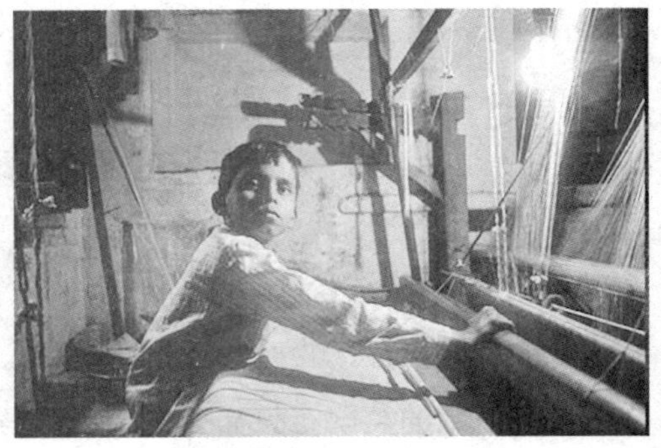

织布的儿童

在田里劳作的儿童

学习缝纫的儿童

在新庄贫儿教养院，裴斯泰洛齐也注重儿童的文化知识教育。正像他在《林哈德和葛笃德》里所描述的那样，他十分推崇起居室的教育。在那里，孩子们在母亲的带领下，一心二用，一边纺纱，一边学习读书和计算。在新庄，当孩子们纺纱的时候，裴斯泰洛齐教他们朗诵，直到都能背诵为止。这也是一种教劳结合。不过裴斯泰洛齐所实施的这种教劳结合只是一种机械的结合，学习内容和劳动之间并没有必然的联系。

一边纺纱一边管教儿童的母亲

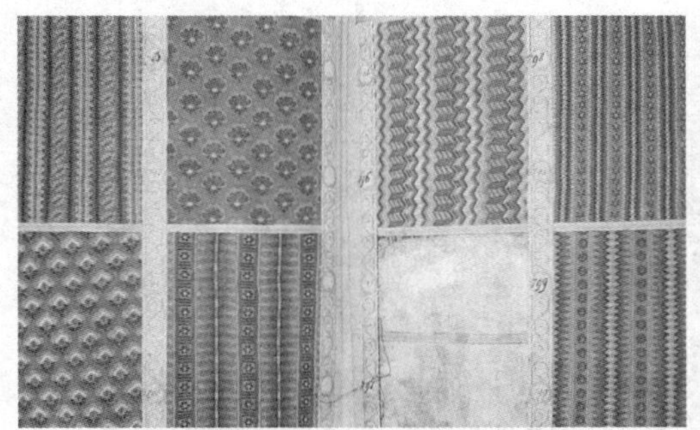
19世纪童工编织物的样品

19世纪童工多色编织物图案

收获季节的新庄

文化知识学习

裴斯泰洛齐除主张通过劳动进行知识传授外，也赞同传统的教学方式，并锐意革新，后来发展成为教育教学心理学化。他还尝试将儿童按年龄和所学专业进行分班，把发展得比较好的儿童分配在各班上，让他们用熟练的手艺和惯常的方法带动其余的儿童。这一做法在数十年后，经英国的贫民教育家贝尔和兰卡斯特发展为蜚声欧美的导生制。

导生制教学：由“导生”协助教师教学或管理，以扩大就学人数，完成教学任务

裴斯泰洛齐认识到，计算在儿童们日后的生活中起着巨大的作用，故颇为重视计算教育，并设计了一些办法。比如他的九九表是以下列形式排列的，以2为例：

2

2−4

3−6

4−8

5−10

6−12

7−14

8−16

9−18

10−20

口授的时候说：

2加2是4

2乘2是4

2除4是2

依此类推：

2加2是4，再加2是6

3乘2是6

3除6是2

2除6是3

九九表是在运用当中背熟的。

再如教孩子们学习加法，以10个基数为基础，依次得出：

0	1	2	3	4	5	6	7	8	9	10
1	1	1	1	1	1	1	1	1	1	1
1	2	3	4	5	6	7	8	9	10	11

再以此方法进行减法运算：

0	1	2	3	4	5	6	7	8	9	10	11
1	1	1	1	1	1	1	1	1	1	1	1
0	0	1	2	3	4	5	6	7	8	9	10

依此类推，继续用这种方式计算所有的10个基数。再如：

2除2得1	1乘2得2	2减2得0	0加2得2
2–3–1–1	1–2–2	3–2–1	1–2–3
2–4–2	2–2–4	4–4–0	0–4–4
2–5–2–1	2–2–4	5–4–1	1–4–5
2–6–3	3–2–6	6–6–0	0–6–6
2–7–3–1	3–2–6	7–6–1	1–6–7
2–8–4	4–2–8	8–8–0	0–8–8
2–9–4–1	4–2–8	9–8–1	1–8–9
2–10–5	5–2–10	10–10–0	0–10–10
2–11–5–1	5–2等等		

上表是以2来搭配所有的基数的，依此类推，如用8：

8除8得1	1乘8得8	8减8得0	0加8得8
8–9–1–1	1–8–8	9–8–1	1–8–9
8–10–1–2	1–8–8	10–8–2	2–8–10
8–11–1–3	1–8–8	11–8–3	3–8–11

直到8除100得12，余4。

这种教学方式，在我们今天看来，对成人来说较为容易，但对初学计算的幼童来说，却比较烦琐，并不太符合幼儿的认知水平。这是裴斯泰洛齐未曾预料到的，也代表了一种可贵的探索。

道德教育及因材施教

爱是道德教育的重要原则。裴斯泰洛齐像慈父一样照顾着教养院的每一个儿童，他对儿童的爱是一种真挚的、发自肺腑的爱，但这并不是溺爱。虽然农场的经营状况不尽如人意，但裴斯泰洛齐对贫困儿童的爱并没有受到影响。

裴斯泰洛齐为每一位儿童都写了详细的报告。裴斯泰洛齐的教养院还接纳残疾儿童。他曾让一名叫戈特弗里德·明德（Gottfried Mind，1768—1814）的智力障碍儿童画他内心所想的内容。但戈特弗里德·明德只会画猫，开始除了猫之外什么都不画。因此人们都戏称他是“猫–拉斐尔”（Cat–Raphael）。拉斐尔是文艺复兴时期意大利著名的画家。裴斯泰洛齐坚信每个孩子都具有丰富的想象力，本着不抛弃、不放弃及鼓励发展的原则，在其悉心教导下，戈特弗里德·明德后来在绘画方面取得了卓越的成就。戈特弗里德·明德属于当代特殊教育中所谓“白痴天才”类型的人物，他的经历也告诉世人，即使是智力障碍者，教育得当仍可成才，并为社会做出贡献。

〝猫–拉斐尔〞戈特弗里德·明德所绘的猫惟妙惟肖

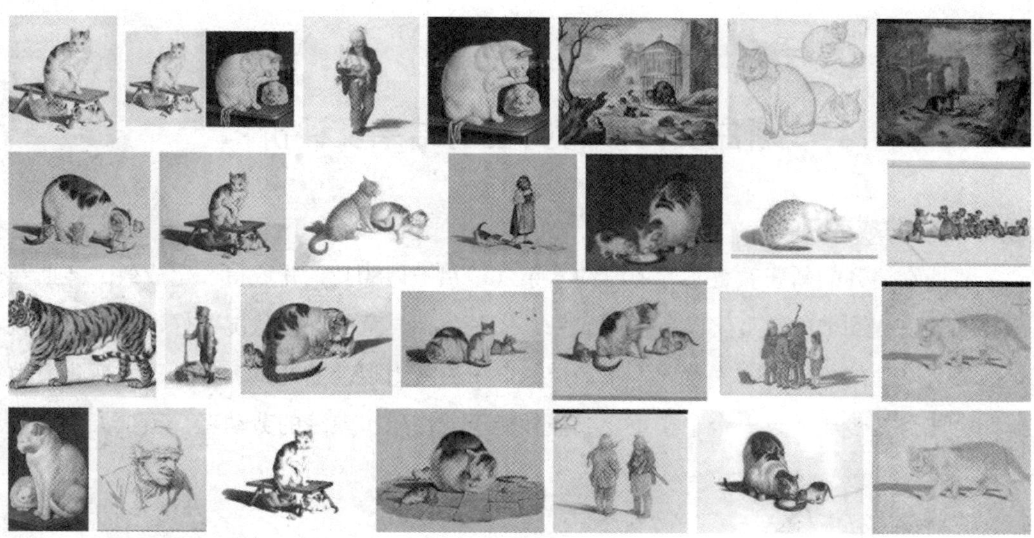

戈特弗里德·明德的更多绘画作品

裴斯泰洛齐非常重视儿童道德习惯的养成，并把专业训练和道德教育紧密结合在一起。裴斯泰洛齐力图贯彻慈爱与严格要求相结合的原则，要求儿童在日常生活中必须做到以下几点：

（1）教室要跟教堂一样整齐、干净，不许随手乱扔东西。

（2）个人要有良好的卫生习惯。“站和坐都要规规矩矩，要像绳墨那样准确。”脏鞋不能穿进屋子，外衣脏了要自己洗干净，放在炉边烤干或在阳光下晒干。要经常剪指甲、洗澡、梳理头发，饭前洗手，饭后漱口刷牙。此外，还要节约，守纪律，勤劳，节俭，夏天不戴帽子，光脚走路，睡硬板床。

19世纪法国儿童服饰

（3）反对单纯的道德说教，主张在实际生活中培养道德和宗教情感。

（4）慈爱和威严相结合。裴斯泰洛齐认识到，在教育中单纯的慈爱有时并不奏效，因为人生来是有劣根的，要把顽童培养成人，消除其恶习，就必须恩威并用，从自然境界上升到道德境界。

新庄贫儿教育实验的结果及评价

教育实验的成效

裴斯泰洛齐的新庄教育实验历时约六年（1774—1780），并取得一定成效。裴斯泰洛齐本人曾提到他的教育实验所得的成果：入院后，学童的健康状况变好，没有一个孩子因病离开他的学校。本来营养不良、道德低下、智力迟钝的儿童发生了重大变化，教劳结合取得初步成效，一个个学童变成强壮能干、快乐、熟练的劳动者，不少人掌握了一技之长。

裴斯泰洛齐声称：

> 见到生活在贫穷中的小伙子和姑娘们成长壮大，脸上露出安详满意的神色，真是无法形容的高兴啊！

历史档案中的新庄（1776—1781）

教育实验失败的原因分析

然而从总体看，新庄的教育实验还是以失败而告终。原因是：

其一，办学经费不足。新庄贫儿教养院起初主要靠募捐和裴斯泰洛齐的个人私产开

1951年瑞士发行的裴斯泰洛齐纪念邮票

办，政府未提供任何资助。裴斯泰洛齐捐资办学后，已囊空如洗。裴斯泰洛齐虽倾尽全力，仍未找到长期的赞助者。他曾低声下气向苏黎世的富人求助，但遭到的多是冷眼及讥讽。一次向富商求助落空后，他曾辛酸地说："我为了让乞儿们活得像个人样，我自己却变成了乞丐。"

其次，最初的设想落空。新庄贫儿教养院成立后，他原想依靠孩子们的劳动收入来维持收支平衡，起码解决大半经费问题，但出自儿童工厂的纺织品多半存在严重的质量问题，粗糙、松散的编制手艺完全无法与成年人相比。当裴斯泰洛齐拿着这些纺织品去市场销售的时候，常常受到消费者的嘲笑，最终不得不以极低的价格出售。此外，基于爱护儿童的目的，裴斯泰洛齐不愿加重儿童的工作量，像工厂老板那样榨取童工的劳动价值，以求得效益最大化。故靠学童劳动养活自己，维持教养院运作的想法落空。

其三，天灾。办学还得依靠农场的收入弥补亏空。屋漏偏逢连夜雨。受恶劣气候的影响，1776—1777年农作物严重减产，当年收获农作物的价值还不够偿还债务。为了还清债务及维持教养院运作，安娜甚至打算抵押自己的遗产。两年后，裴斯泰洛齐又委托他的哥哥巴普蒂斯特卖掉三分之一的农场。但巴普蒂斯特却是一个爱财如命的卑鄙家伙，他竟然不顾手足之情，携带着卖地巨款潜逃了，后来当雇佣兵在国外死于非命，卖地款亦无从追回。走投无路的裴斯泰洛齐不得已又卖掉部分农场，出租剩余的农场。

此外，周围的农民不理解他的办学初衷，不与他合作，以及学童的难管教，这是实验失败的另一些重要原因。据有的文献记载，当学童来到新庄时，不管是学童本人还是其家长，都并未对裴斯泰洛齐心存感激。由于长期流浪形成诸多恶习的学童对教养院要求严格的集体生活也不适应，经常违规。不少学童的父母只是将新庄当成其子女暂时的栖身之地，当孩子长大或学会一技之长后，家人就把他接回家去，好为家里赚钱。更有甚者，有些人看到他的孩子在教养院里也劳动，而且过的是清苦的生活，便有怨言，并擅自将孩子带回家去，甚至让他回到原来乞讨的地方，重操旧业，致使裴斯泰洛齐的良苦用心及努力功亏一篑。

上述因素导致新庄贫儿教育实验以失败告终。

美好的设想在严酷的现实面前化为齑粉。经济上难以支撑，加上村民们对他的不理解及不合作，使裴斯泰洛齐寝食难安，心中五味杂陈。

接下来，裴斯泰洛齐将面临他一生中最揪心的时刻，那就是关闭他一手创办的贫儿教养院，把他深爱的孩子们又重新赶回到街上去。这一刻，裴斯泰洛齐内心的痛苦是常人无法理解、难以想象的。他一生的梦想可能就此而破碎，青春的激情会烟消云散。裴斯泰洛齐受到邻居的取笑，亲戚们也不待见他，他们不想回忆自己失去的钱财。教养院繁重的工作也使勤劳的安娜积劳成疾，而他竟然无法保护自己心爱的女人……这一切犹如千斤重担压在裴斯泰洛齐心头。裴斯泰洛齐跑向了原野，像狼一样对着大地哀号，诉说心中的委屈、愤懑及不甘心。他在田野中失魂落魄地乱走，仿佛听到四面八方传来人们的哀叹：唉，你这可怜的灵魂，你甚至都不如那些靠低工资生活的人！他们还能拯救自己，可你以拯救人民自诩，却混得比别人还惨。

在精神几近崩溃及几乎失去意识的情况下，在万般无奈、万箭穿心的情况下，裴斯泰洛齐于1780年关闭了新庄贫儿教养院。

作家年代

1780年前后，裴斯泰洛齐的事业再度受挫，不得不在悲痛与无奈之中关闭新庄贫儿教养院。这时许多亲戚和朋友都对他失去了信心。安娜也因重病在身，和朋友出去疗养了，很久不曾归家。

此后在长达18年的时间内，裴斯泰洛齐主要从事教育著述。尽管新庄的农业改革实验及教育实验未获成功，但由此获得的经验及人生体验是千金难买的财富，是裴斯泰洛齐创作的无穷源泉，并为他以后新的教育实验奠定了基础。

人生低谷中的贵人相助

雪中送炭的新的女人缘

患难之中见真情。此时仍有少数朋友支持处于低谷中的裴斯泰洛齐，其中，有一位底层年轻妇女名叫伊丽莎白·奈福（Elisabeth Naef），淳朴善良，经常给人帮工。她赞赏裴斯泰洛齐的人品，获悉他的不幸遭遇后，愿意为他排忧解难，效犬马之劳。

在裴斯泰洛齐的一生中，如卢梭一样，不乏女人缘。她们往往在他最需要的时候出现，给予关爱，为他抚平伤痕，让他恢复信心，重新踏上征程。裴斯泰洛齐在他的著作如《林哈德与葛笃德》中之所以对女性给予如此多的赞美、寄予如此多的深情绝非偶然。由于安娜外出养病，少了女主人的家中一片狼藉。这时，对裴斯泰洛齐来说，心地善良、俭朴勤劳的奈福就是上帝恩赐的礼物。她的出现真可谓雪中送炭。

一个晴朗的日子，奈福敲开了裴斯泰洛齐的家门，对他说："先生，我听说您需要帮助。我可以帮您做家务，打理花园。"从那以后，奈福就承担了裴斯泰洛齐的所有家务，细心照料着破败的农场。这给裴斯泰洛齐重新开始新的生活提供了重要的保障。经历了挫折与失败之后，裴斯泰洛齐获得了心灵上的慰藉。奈福和一些友人的支持让裴斯泰洛齐不再感到孤独无助。他感叹道：人间自有真情在，"还有一些人也会想到别人，而不仅仅是他们自己。所以，我并不是那么不正常。"

此外，时间也是疗治心灵创伤的良药。过了一段时间，他感到精力有所恢复，情绪有所好转，重新找回了自我，恢复了信心，可以安心思考与选择新的生活方式了。

伊塞林的建议及鼎力相助

贫儿教养院关闭之后，另一位给予裴斯泰洛齐极大帮助的人是巴塞尔城委员会秘书伊沙克·伊塞林（Isaak Iselin）。裴斯泰洛齐曾写道：

> 伊塞林激发了我的思想，就是说，我在生活中必然体会到我适合当个以写作为生的作家。我和他长久地谈论了有关最好的国民教育的本质。较长一段时间来，我已尝试过各种不同的文学形式，但没有一种能使我满意。我感到，必须首先引导人民认识自己并较好地了解自己的状况。我感到，人民只相信懂得人民自身并了解关乎人民一切的人，人民只听从热爱人民的人。人民不会相信那些自称热爱人民的人（帮助过他的人例外）。我看到，教导人民唯一有效的教材必须是历史和生动描述的生活景象。我想，通过有趣的故事，以最简单的方式讲解为人民准备的所有重要原理是有可能的。我的两本民间话本（这里指的是《林哈德和葛笃德》和《克里斯多夫与伊丽莎白》——笔者注）的计划就是这样产生的。

伊沙克·伊塞林（1728—1782）

伊沙克·伊塞林毕业于哥廷根大学，是瑞士著名的哲学家、政治家、作家及出版商，还是海尔维蒂共和政府的创始人之一。他和裴斯泰洛齐交往甚密。早在1774年，就鼓励过裴斯泰洛齐写作，并促使其成为瑞士海尔维蒂法理协会成员。新庄贫儿教养院停办后，伊塞林进一步鼓励裴斯泰洛齐进行创作：

> 你为什么不尝试写作？你的思想先进，有许多要告诉人们的。你从你那失败的事业中获得了许多难能可贵的、有价值的经验；你只是运气不好而已。你为什么不进行文学创作？你的机会很好。你可以从中获奖，还有一小部分奖金，可以帮补生活。

裴斯泰洛齐接受了友人的建议。从1780年至1798年（应政府之邀赴斯坦兹创办孤儿院，重出江湖）这18年间，裴斯泰洛齐进入了人生中最重要的所谓作家时期。他先后发表了涉及教育、文学、哲学等领域的诸多作品，例如《隐士的黄昏》（1779—1780）、《林哈德和葛笃德》（1781、1783、1785、1787）、《我对人类发展中的自然进程的追踪考察》（1797）、《克里斯多夫与伊丽莎白》（1782）、《论立法和杀婴》（1783）等。这些作品为作者赢得了极大的声誉。

在写作的最初几年，裴斯泰洛齐的经济状况异常困窘。为了节省在纸张上的开支，他常常在办学使用过的账簿的空格里和废纸的背面写他的草稿。此处选取这一时期的几部重要作品进行简介。

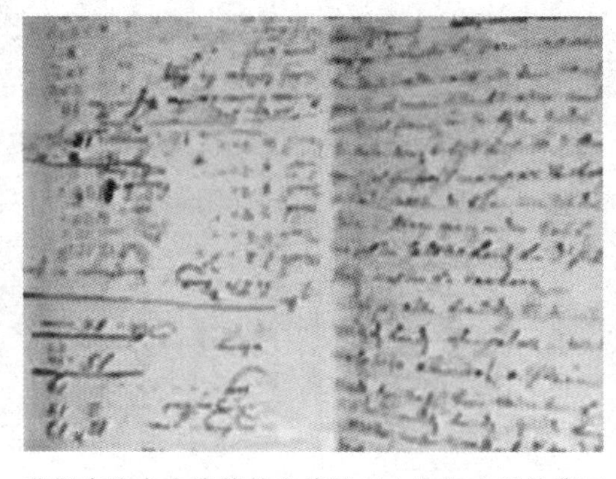

裴斯泰洛齐在账簿的空格里（左）和废纸的背面（右）写他的草稿

《隐士的黄昏》

裴斯泰洛齐接受了伊塞林的建议后，开始着手文学创作。《隐士的黄昏》写于1880年，是裴斯泰洛齐早期代表性的作品之一。他将此书看作“我将要写的所有书的前言”。在此书中，裴斯泰洛齐谈到了人性、自然教育、宗教信仰、社会正义等内容，初步勾勒了他日后将要阐述的许多重要思想。本书表达了冲破传统教育藩篱的新思想，后来被称为裴斯泰洛齐的教育信条。

人性和自然教育

上帝是父，人是子；诸侯是父，公民是子。在裴斯泰洛齐看来，家庭中的父道与子道（即父子关系、亲子关系）是自然中最重要的法则，而且人类的所有本性也是由父道和子道构成的。人的天性就是根据父子关系履行做父亲的天然职责，满足孩子的各种需求。对人的本性来说，家庭是第一生活环境，也是最重要的环境。在家里培养成的父道是培养领导艺术的基础，在家里培养成的子道是培养国家公民的基础。依仗父道和子道建立家庭和国家的秩序。“家庭是每个人自然教育的基础，是每一个国家里教授社会道德和生活的学校。”

作家年代的裴斯泰洛齐

裴斯泰洛齐基本上接受了卢梭的自然主义教育思想，主张人性平等、人性本善。他认为：“每个人的天性都是相同的，他们以同样的方式满足他们的生活。”“各种赐福于人的纯真力量不是人为艺术的赐予，也不是偶然的生活环境的赐予，这种纯真力量的基础更多地存在于人的天性之中。”发展天性是人类的普遍需求，而天性的发展则应该是自然的、公开的、易行的。

裴斯泰洛齐认为：“人的所有才智是建立在心灵中善良的、服从真理的力量基础之上的。”教育就是要发展人的这种纯朴的、天真无邪的善良本性。他指出，教育者要像父亲关心子女成长一样发展受教育者的智力。教育的总目的就是使人的本性的内力升华为纯真的人的智力。对于人的本性所需要之物的认识是人获得幸福生活的基础。学校教育不遵循自然法则，不重视自由、循序渐进的教学方法，是扼杀善良本性、造成人后天差异的重要原因。裴斯泰洛齐说：“这类学校教育出来的人带有一种人为的虚假色彩，这一色彩掩饰了内在自然形成力量的不足，欺骗了我们这一世纪的人。”

自然是人类的引路人，它引导人类通向真理。引导的过程不是僵化的、一成不变的，“它恰如回响在夜幕中夜莺亲切的鸣叫声，大自然中各种生物生机勃勃、自由自在地一起生活，人们在哪里都看不见一丝强暴、秩序混乱的踪影。”根据自然的法则，每个人在生活中都处于相应的位置，在每个位置上都要履行相应的职责。任何不按照自然法则建立的学校教育都是误人子弟的。裴斯泰洛齐批评当时的教育脱离自然，指出非直观教学法已成了一种时髦和育才的基础。

> 这种进行空洞说教的学校采用生硬的、非自然的教育方法，教给人的真理不可能使他成为温柔的仆人或成为使自己的欢乐和智慧同孩子的欢乐和需求相一致的母亲。

裴斯泰洛齐坚定了自然主义的教育理念，并在卢梭的基础上，主张将自然教育获得的知识运用于实践，从而明确提出了教劳结合的思想，这也是对他第一次办学经验的总结。裴斯泰洛齐认为：

> 一个人的知识如果华而不实，他的知识如果不是通过实际应用得到巩固，那他就脱离了自然教学的道路，他会丧失坚定的、敏锐的和全面的洞察力，丧失能冷静接受真理的感受力。

按照自然的法则，通过训练发展人的内在潜能，同时，人的内在潜能还在应用中得到发展。每个人在生活中应用他的天赋和聪明才智，这才符合教育人的正常程序。

人的聪明才智的发展是建立在对自己最直接的生活环境的认识基础之上，培养人的聪明才智同实际生活环境紧密结合。教育的首要目的是使人成为人，“每个人在自己的岗位上工作，肩负社会和国家赋予的责任，目的是使自己能享受到天伦之乐”。人首先是人，其次才是事业上的学徒。孩提时代获得的道德教育对后来的职业教育和公职教育大有裨益，前者是教育的首要目的——使人保持安静和平静地享受生活中的乐趣，后者是服务前者的，“否则求知欲和功名心会变成令人烦恼的痛苦和不幸”。裴斯泰洛齐把教劳结合的思想视为一种自然法则，认为：“如果谁背离了这一自然法则，不自然地、过分地强调对官员或臣民进行某种职业教育或某种职业培训，那就会使人类偏离美好的生活，把他们引进一片布满暗礁的海洋。”

宗教信仰和社会公正

裴斯泰洛齐是虔诚的基督徒，信仰上帝，认为上帝是人的衣食父母，“如果你相信上帝就是你的父亲，那你就会得到安宁、力量和智慧，任何力量甚至死亡都不能动摇你的信念。”在人类最重要的自然关系（即亲子关系）中，信仰上帝是人最基本的情感。它是人类生活安宁的源泉，而生活安宁又是内心安宁的源泉，内心安宁又是正确应用人类力量的源泉。正确地应用力量是发展和培养人类智慧的源泉，智慧是人类一切幸福的源泉。由此，裴斯泰洛齐得出：信仰上帝是一切智慧的源泉和纯正地培养人的正确道路。

对上帝的信仰不是培养智慧的结果，它根植于人的本性之中，犹如人的善恶感和是非感，它始终作为人类教育的基础而存在于人的心灵深处。“如果没有上帝，你受过良好教育的天性是无法抵抗暴力、无法抗拒死亡的。”上帝根据人的本性施教，教给他的子民真理、智慧、信仰和不朽；他听取每个子民的陈述，公正地对待每一个温存的、有同情心的、纯洁的和相互敬爱的子民。无论是诸侯还是臣民，无论是主人还是仆人，都要遵守父道和子道，承担各自相应的责任。在裴斯泰洛齐看来，诸侯与臣民、主人与仆人，在本质上是相同的，都是上帝的子民，都要履行各自的职责。

裴斯泰洛齐研究著作（1）

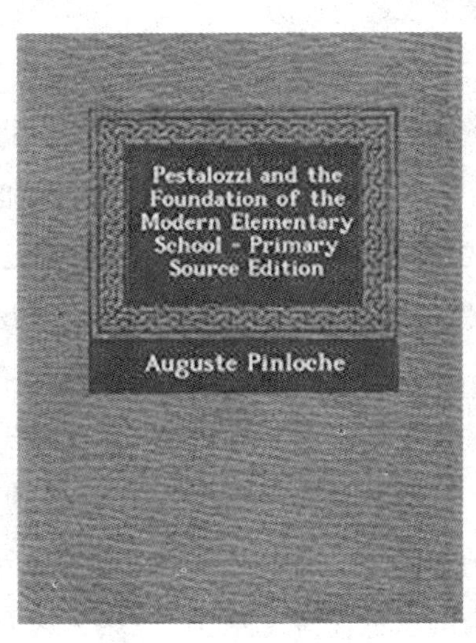

裴斯泰洛齐研究著作（2）

信仰上帝不仅是人类各种纯洁的父道和兄弟之道的源泉，而且是公正的源泉。没有父道和兄弟之道的公正是一种骗人的、没有幸福力量的假象。裴斯泰洛齐深刻揭露了当时教会法庭中律师和法官歪曲事实、肆意执法、大发横财的丑陋行径，认为这“是由于缺乏一种纯洁的在全国形成正义的父亲般的伟大力量，是没有信仰的结果”。没有信仰导致社会不公正。

> 在一个没有信仰、蔑视上帝和人民权力的政府统治之下，没有信仰产生的不良后果是无法避免的，即税收与日俱增，父亲般的善良越来越少，肆无忌惮地施用暴力而没有降福于社会，官员滥用暴力，剥削人民，人民反对官员暴力的力量越来越弱。

裴斯泰洛齐反对用暴力抵抗法律与公正，认为这是每个国家内部虚弱的祸根，而缺乏信仰则是这种虚弱的根源。人类对上帝的信仰是产生各种道德情感的源泉，是产生人类所有幸福和力量的源泉。克服社会的不公正，唯有信仰上帝之法，履行父道和子道。

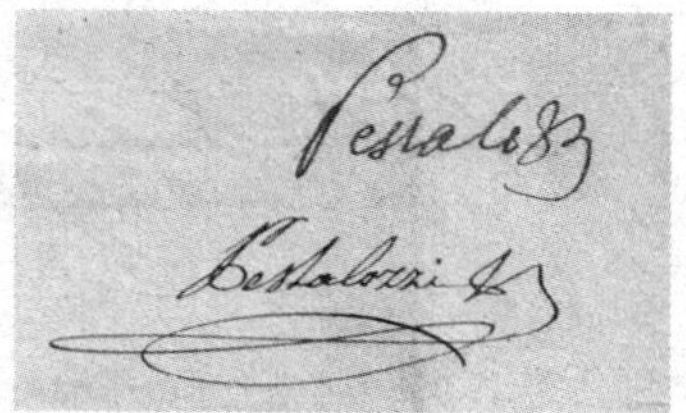

裴斯泰洛齐的签名

《林哈德和葛笃德》

《林哈德和葛笃德》是裴斯泰洛齐一生中最重要的教育代表作，是一部小说体的作品，集中反映了他的早期教育思想，同时该小说也是裴斯泰洛齐早期社会改良实践和教育实验的总结。

1780年，裴斯泰洛齐开始创作《林哈德和葛笃德》。小说的创作过程是艰辛、谨慎的。他每写完一部分就会拿给妻子和伊塞林看，而他们也为小说的顺利出版贡献了自己的力量。裴斯泰洛齐的手稿晦涩难懂，字迹不清且有不少语法错误，没有高手帮忙修改及把关难以出版。作为裴斯泰洛齐的“贵人”，通晓写作及出版事物的伊塞林又责无旁贷地承担起了为其作品把关的繁杂事务。公务繁忙的伊塞林，通常只能利用周末修改手稿。在伊塞林的帮助下，《林哈德和葛笃德》的第一卷于1781年2月出版。

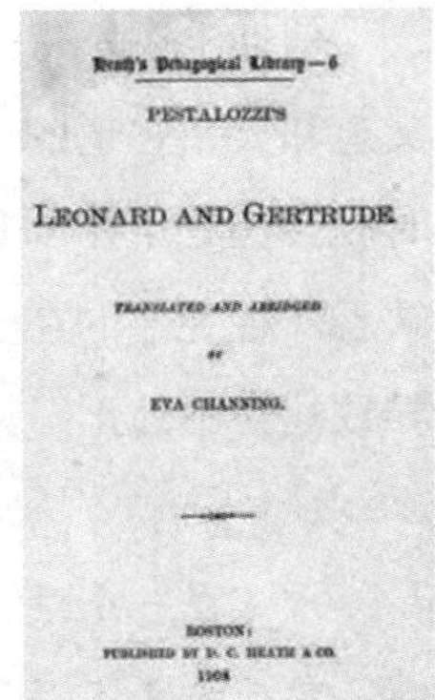

《林哈德和葛笃德》各种不同文字的版本

《林哈德和葛笃德》（上下卷）中文版本

小说一经问世便在整个欧洲各阶层中引起了轰动，短时间内就被译成了多国文字，广为流传。该书为裴斯泰洛齐享誉世界奠定了重要基础，同时也激励了他继续创作《林哈德和葛笃德》的后三卷（分别于1783年、1785年和1787年出版）。因为这部小说的缘故，1792年，裴斯泰洛齐被法兰西共和国国民公会授予“法兰西共和国公民”的称号，与同时获此殊荣的德国著名诗人席勒（Johann Christoph Friedrich von Schiller）、法国空想社会主义者邦纳罗蒂（Pilippo Michele Buonarott）等17位欧洲知名人士并列。裴斯泰洛齐是其中唯一一位瑞士人。

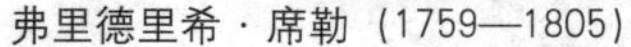
弗里德里希·席勒（1759—1805）

邦纳罗蒂（1761—1837）

在这部教育小说里，裴斯泰洛齐着力塑造了一个名叫葛笃德的农村平民妇女的朴实形象。葛笃德既是一个贤妻良母，乐善好施，教子有方，同时又深明大义，疾恶如仇，敢作敢为。由于此形象一炮走红，大受欢迎，葛笃德遂成了裴斯泰洛齐后来其他一些作品的主人公。他借助葛笃德之口来表达自己的教育观点，这是一件非常有趣的事，在某种意义上是一种“异化”。

在《林哈德和葛笃德》中，裴斯泰洛齐通过一些人物和故事情节，揭露了封建统治者的罪恶，表现了他救民于水火的人道主义胸怀、民主主义思想，阐述了他建立新教育、兴办理想学校、改造社会的观点。

坡那镇的封建恶势力与改革进步势力的争斗

小说的第一卷描述了坡那镇村民遭受封建恶势力迫害的经历。林哈德是坡那镇上的一名泥瓦匠，憨厚老实，和妻子葛笃德育有 7 个孩子。由于夫妻勤扒苦作，加之葛笃德善于持家，一度生活尚可。后来由于林哈德染上坏习气，他们的生活变得极不稳定，经常缺衣少食。葛笃德明辨是非、颇有胆识。她知道其中的缘由：丈夫本性不坏，导致家庭贫困的根源是坡那镇的镇长胡美尔胡作非为。于是，葛笃德就到县长亚尔纳那里告发他：

哦，大人，我丈夫过去欠下了镇长胡美尔30谷尔屯。镇长是个狠心的人，他勾引我丈夫赌钱，任意挥霍。我丈夫因为怕他，不敢不到他开的酒馆去，就这样一天天地把他的工钱和儿女的面包费都交到那儿去了。大人，我们只有7个没受过什么教育的孩子，既没有人帮助，也没有办法去反抗镇长，所以才落到这个地步。我知道您讲仁义，肯解救孤儿寡妇的苦难，才敢上这儿来，请您替我们伸冤。我把我的孩子们所有的储蓄都带来，押在您这儿作担保，请您准许我丈夫在还债以前，不再受镇长的迫害和骚扰。

亚尔纳是一位有民主思想的贤明的地方主政官员，主张实施农村改革，使农民过上富庶、幸福的生活。在葛笃德到来之前，他就对胡美尔的恶行有所耳闻，此次有葛笃德作证，他决定彻查和清算胡美尔压迫、敲诈、勒索村民的种种罪行。为了帮助镇上的贫民脱困，亚尔纳利用在坡那镇建一所教堂之便，指派林哈德为建立教堂的工长，招收其余10名最穷的村民为零工，让他们可以有一定的收入，解决温饱问题。

《林哈德和葛笃德》插图：葛笃德向县长揭露恶镇长胡美尔的罪行

胡美尔得知此事后，对葛笃德和亚尔纳怀恨在心。他利用手中的权力暗中收买了一些人，谋划破坏教堂的建设；他还狗急跳墙，趁着夜色到山坡上挖亚尔纳的领地的界碑，使其丧失部分领地，但被鸡蛋贩子克里斯托碰上了，引发了全镇的骚动。坡那镇的牧师在这场骚动中起到了重要作用。他揭发镇长的罪行，拯救了那些被胡美尔欺骗、蒙蔽的村民。最终，县长亚尔纳在镇民大会上宣布撤销胡美尔的镇长职务，并将其关进了监狱，从而解救了那些被胡美尔压迫的村民。结局皆大欢喜：恶徒得到惩罚，正义得到张扬。

小说的第二卷描述了以胡美尔为首的农村恶势力对以县长亚尔纳为首的改革势力的反抗。在胡美尔被关进监狱的初期，坡那镇的牧师天天到监狱中去劝说胡美尔，让他如实招出所做的一切坏事及其同谋，以示改过从善的决心。当胡美尔说出自己和镇上头面人物共同谋划的坏事时，坡那镇的17位首事按捺不住了，竭力阻止他继续招供。然而，这些头面人物的阴谋诡计并没有得逞，县长亚尔纳已经掌握了他们的罪证。

亚尔纳准备将坡那镇的一块公共牧场分给贫困农民。这会影响镇上首事的利益。于是他们企图破坏县长的善行，借口镇上住户目前拥有的牛的头数多和所存的草料少，极力反对分配牧场。亚尔纳根据新任镇长梅耶尔的调查，发现这些首事弄虚作假，同时还勾结前任镇长胡美尔，偷窃县府公共财物，人赃俱获。爱憎分明的县长亚尔纳在镇民大会上宣布把公共牧场分配给贫困村民，同时决定撤销那些犯错误的首事，重新任命了一批出身贫寒、能秉公办事的新首事。第二卷最后以牧师向全镇居民讲道的形式结尾，向公众揭露了胡美尔肮脏的心灵和所犯的一切恶行及其缘由，以便村民引以为戒。

葛笃德的教子经验

在小说的第一、二卷，裴斯泰洛齐借助主人公葛笃德的口吻，阐述了许多关于家庭教育的主张。

（1）关于道德教育。葛笃德本人是一位品行高尚的农村妇女，她用自己美好的德行去感染身边的人、教育子女，因此当坡那镇出现动荡、混乱的局面时，她的家庭首先走出阴霾，显得温馨、甜蜜。葛笃德重视培养孩子们的品德和良好的行为习惯。小说的第一卷第31～36节讲述了葛笃德对子女德行的培养。在每周六的祷告日，葛笃德都让孩子们反思这一周的言行，但她并不直接指出他们的错误，而是引导孩子们自己说出来，并指出其危害。如果同样的错误再犯的话，葛笃德则绝不姑息。有一次，孩子们去看望一个名叫巴寸的可怜人，可尼可拉又犯了粗心大意、冒失的老毛病，葛笃德就惩罚尼可拉不许吃晚饭。不管谁求情，尼可拉的惩罚都是不可避免的。葛笃德要让孩子们明白，被惩罚的原因是自己做错事，并不意味着妈妈不爱他们。这体现了慈爱与严格要求相结合的德育原则。葛笃德很重视孩子之间的相互关爱和团结。当尼可拉受到惩罚时，其余孩子都表示愿意推迟去看巴寸的时间，等尼可拉被解除惩罚之后再一起前往。

（2）关于教育方法。小说中多次提到葛笃德在家庭教育中所使用的教材和简单实用的教育方法。她所做的一切就是在生活中教育子女，她的方法简便易行，任何一个普通农村妇女都不难做到。这正是裴斯泰洛齐要素教育理论产生的起点和诱因。在葛笃德的悉心教育下，孩子们的学习兴趣颇高。每当林哈德和葛笃德回家时，孩子们就会主动围上来，要求快点把功课温习完。葛笃德重视手工艺教学，且在孩子们学习纺纱、缝纫的时候，教他们学计数和运算。具体的方法是：在纺纱和缝纫的时候，要孩子们把纺纱和针脚来回地数，计算它的数目，用不相等的数字跳过去，练习加法和减法。这体现了裴斯泰洛齐教劳结合的思想。裴斯泰洛齐认为教劳结合的主张及实践抓住了人生的真正需求，找到了人类幸福生活的根源。

《林哈德和葛笃德》英文版出版宣传

改革农村经济和教育的理想

裴斯泰洛齐秉持人道主义信念和救民于水火的志向，深切同情当时瑞士的贫苦农民以及其他下层穷苦人民的悲惨境况，希望通过改革来为他们找到一条走上幸福生活的道路。于是，裴斯泰洛齐在小说的第三卷提出了县长亚尔纳改革农村经济和教育的理想。

为了改革坡那镇的政治、宗教、生产和教育体制，县长亚尔纳与牧师一道，深入坡那镇的群众中去了解他们的生活情况。纺纱业代表着瑞士当时最先进的生产力，亚尔纳也率先关注这一行业，因此他听取了从事纺纱业的迈耶尔关于改革坡那镇经济制度的建议。迈耶尔认为，坡那镇的人民应当以农业为主，以纺纱和畜牧业为副业；以各个行业的先进典型人物和操作示范，帮助村民搞好各行业；改革“有本末先后，首先须解决当务之急”，即整顿坡那镇的学校教育，撤销“混充‘教师’的舒迈斯的职务”。县长亚尔纳采纳了迈耶尔的建议，决定撤销坡那镇学校原校长的职务，任命决心跟着县长实行新政且用新思想武装头脑的退伍少尉格吕菲为新校长。

裴斯泰洛齐借迈耶尔之口，批评了当时落后的学校教育。迈耶尔对县长说：

> 时代在进步，50年来，一切都变动了，学校还是依然故我。这哪能培养出现代

的人才，哪能适合时代的需要，不是很清楚吗？

旧教育是十分简单的，只教人怎样耕作、谋衣食就可以了，因为那时的人，无需更多的本领。农民是在牛栏里、田地里、山林里、禾场里操作时来获得自己的特别的教育的，要求究竟不高。可是现在到了纺纱的时代，操作划一了，并且坐着来谋生，要求就完全不同了。据我看来，如今在乡间做这种活计的孩子和城市里的手艺人的教育，要求是一样的。否则，乡里的孩子学识不足，头脑不清，不能精益求精，力求进步，生产就要永远落后于城市，再好的职业救济规则，也不能把他们拉出长期贫困的泥淖。请大人注意纺纱的人家，父母对孩子们的家教都很差，这样下去，贫困是永无止境的。应该充分利用学校教育来弥补这种家庭教育的缺陷。还有很多方面的教育，在家庭里是无法实施也不能实施的，所以学校教育更不可少。

裴斯泰洛齐批评旧教育的等级性过于森严，教学内容脱离实际。他形象地把这种制度比作一所大厦，它的上层建筑十分精美，只住有很少的人；在它的中层已住了较多的人，但是没有楼梯可供他们走到上层去。如果他们中间有一些人企图爬上去，那么，住在上层的人就会无情地把他们赶下来。而在下层住了一群为数很多的人，他们是不得不住在黑暗里。他们的眼睛被蒙住了，在他们的前面安置着各种闸门，使他们甚至不能看到上层的情形。当时的学校里盛行“里里拉教规”，过分重视口头讲述，一切徒托空言，矫揉造作。教师教学时不教人谋衣食、求平安、得幸福的道理，而尽讲一些虚幻的东西。总之，旧教学只灌输教条而不培养能力，这是一大弊端。

人到中年的裴斯泰洛齐

裴斯泰洛齐虽然反对受教育权的不平等，但主张的教育平等是有限度的。他指出上层阶级的儿童，平时备受爱护，不须再施爱给他们，因此他把所有的爱都给了社会上最底层的劳苦大众的儿童。他认为这些儿童通常被社会所忽视、冷落和鄙夷，如果不给他们良好的教育，将来长大成人，就可能成为社会的累赘或毒瘤。

裴斯泰洛齐极力倡导新教育、改革旧教育的目的是使孩子“学好为他个人和他周围人日后幸福所必需的一切”。他将教育目的分为社会目的和个人目的。就社会目的而言，裴斯泰洛齐认为：“为社会造福，使高尚的穷人和自己精神上渴望的天下得以实现，他至死也要争取实现人类得到普遍幸福的天下。”就个人目的而言，裴斯泰洛齐主张把儿童培养成为有切实知识，“具有一种可以谋生的手艺”，“在生活中表现了勤劳、节俭、家庭秩序、道德品质等的实质”的人，即“发育良好……人世间顶天立地敢作敢为的男女”。裴斯泰洛齐联系当时的农村实际，指出农村教育应该是“使农民毛羽丰满，不能让他们瘦弱下去”，“要使孩子们头脑清醒，教他们以农致富”，“促使农村的手工业和农业发展繁荣”。

裴斯泰洛齐塑造的新校长格吕菲是一位有思想、有远见的教师，其改革学校教育的基本主张也代表了裴斯泰洛齐的思想。格吕菲非常赞赏葛笃德教育子女的方法，在参观葛笃德的家时情不自禁地说：“我们要追求的东西，这位大嫂已经实行了，并且完成得很出色。我们追求的理想中的学校，其实就在她的屋子里啦！”裴斯泰洛齐认为新教育和理想学校最重要的标志是重视学生的职业教育，把综合技术教育置于职业教育之上。

在格吕菲的学校里，不仅重视专业训练，而且重视道德培养。修身教育成为学校工作的主要部分之一。因为他认为人生在世，一生是否幸福、平安、吉祥，要看他的处世为人是否道德高尚、是否可做社会的表率。在专业训练上，他借鉴葛笃德教育与生产劳动相结合的方法，在生产劳动中教孩子们读、写、算。格吕菲在施教时，一方面从当时农村经济形势考虑如何教育学生，另一方面从学生将来的幸福考虑，力求为他们找到今后自食其力的生活出路。如他在与县长商谈布置设立新学校、实行新教育制度时指出，要想把孩子在各方面都教育得好，首先要看他长大以后，将从事何种职业；要以此为基础，这是“一切教育的根本的、卓越的目的，是人间理想学校中所首先需要的”。所以，格吕菲“总想探求一个办法，使他的学生中凡是没有恒产的都能获得一样可以谋生的手艺，这件事已完全成了他的宗旨。只要挤得出时间，他就带领学生去参观镇上的各种工艺作坊，不惜花费几个小时去观看人家如何做活，了解多种做法，从多方面研究，估计每个学生的前途”。

依据儿童的本性施教是裴斯泰洛齐在小说中着力阐明的思想。教育儿童时，教育者对儿童所产生的影响必须跟儿童的本性一致。教师不论在什么情况下都不应当像当时学校所做的那样，压抑新一代的自然发展，而应当把这种发展引向正确的道路，把足以阻碍它或使它偏离正确方向的障碍和影响加以消除。

裴斯泰洛齐生动地表达了教育与儿童发展应有的相互联系：教育应当在巨大而坚固的岩石（即儿童的本性）上建立自己的大厦，它只有永远跟这岩石紧密结合，不可动摇地屹立在它的上面，才能达到它的既定目的。在考虑选用什么样的教学方法时，他的一个基本原则是：反对压抑儿童；但他也认识到儿童天性中有不好的方面，易形成许多恶习，因此要加以引导、制约。例如，裴斯泰洛齐要求父母既要爱儿童，必要时也要严惩孩子，拒绝他们的不合理要求。

裴斯泰洛齐希望通过改革旧教育，建立理想学校来发挥学校对社会生活的重要作用。坡那镇学校对于改变社会风气和提高家庭教育的水平都起着积极的作用，可以成为抵抗并消除邪恶影响的、起决定作用的巨大精神支柱。裴斯泰洛齐在小说中描述了这所学校的改革状况：孩子们“在这位和善的校长的领导下，从早到晚无忧无虑地在学校学习”，他们的“家长或亲属纵有邪癖恶习，再也影响不到他们的精神”，那些“饶舌闲扯”也不会骚扰他们。因此，学生们总是“容光焕发，彬彬有礼的”。在格吕菲的改革下，坡那镇的学校教育有了起色，县长的大儿子已经很久没回坡那镇了，一回家就说：“坡那镇的孩子们与其他地方的乡下孩子相比确实完全不同了。他们现在好像是主人翁，自己做主，和别的乡下孩子不一样；他们既不胆小，又不羞怯，知道的东西又比别的孩子多。”

《林哈德和葛笃德》1783年法文版插图

为了坡那镇居民的幸福生活，县长和牧师都配合格吕菲对孩子们的教育。亚尔纳无偿地发给每个儿童一棵果树苗，并贷款给穷人住户买牲畜。牧师抛弃了过去的空洞说教，以实际行动教导村民，使不少人改掉了恶习，从而为孩子们的成长与发展净化了生存的环境。

新旧势力的较量

亚尔纳县长在坡那镇实施的新政取得了初步的成效，镇上的生产、社会治安、环境卫生及人们的精神面貌和学校教育都呈现出欣欣向荣的景象，因此大部分居民对他的改革较为认可。但以海立多为首的保守势力一直阻挠亚尔纳的改革，他指使亚尔纳的叔父安尔堡将军的侄女茜维娅用各种手段造谣惑众，破坏校长格吕菲的声誉，企图把格吕菲赶出坡那镇，以达到废止新政的目的。茜维娅还唆使猎狗咬伤执行新政的积极分子米席尔。保守势力的种种反抗措施，严重影响了亚尔纳改革方案的实施，并给亚尔纳以沉重打击，使原本身体不佳的亚尔纳几近病危。幸亏宫廷的公爵得知了此事，派遣支持改革的部长毕立夫斯基带着御医，前去坡那镇，探望病重的亚尔纳县长。毕立夫斯基是宫廷中支持亚尔纳新政的首领，他亲自到坡那镇进行实地考察，对新政的成绩表示赞赏，因此大力支持亚尔纳的改革，特别支持格吕菲校长的教育改革。毕立夫斯基认为格吕菲的整个教育措施既适合孩子的天性，又符合他们所处的社会条件，注意经过锻炼，发展个人天赋的内在力量，使人能各尽其才，在社会上达到其应有的地位。发展人的内在力量，要运用正确的教育方法。裴斯泰洛齐强调，使教学与劳作相结合，提倡职业训练，这是提高人的工作能力、增加实际产量的最好途径。

裴斯泰洛齐纪念章

立法是保障社会改革成果和继续改革的重要举措。按照人的天性，如果不加约束，任其自然发展，则会出现诸如愚昧、贪婪和损人利己等不良性格。“凡制度不健全的地方，必然是缺乏真正公民教育的地方，也就是养成原始人天然本性的温床。”因此，县长亚尔纳病愈之后便和牧师、少尉等人草拟了坡那镇新的立法。亚尔纳制定新立法的要旨是：保证社会基层公民的真正权利；解除以土地所有权为根据的对人民的奴役压迫制度；减轻兵役制度给人民带来的负担；减轻下层人民缴纳的国家的捐税；注意地方居民幸福的普遍进展，并切实保障后代的利益。

在宗教改革上，亚尔纳批判了与奴役人民的暴政势力相勾结的教会，揭露了他们包庇暴君、实施愚民政策以及利用人们的愚昧无知进行压迫、奴役的恶行。亚尔纳称那些用宗教权势迫害人民的宗教工作者为“教阀”，他反对空虚的、形式的宗教礼拜仪式和繁文缛节，批评脱离世俗事务和实际生活的布道，认为牧师的布道应结合人民的生活实际，引导他们改进社会秩序，团结互助，共同幸福。

坡那镇的改革虽然并非一帆风顺，遭受过许多阻挠和破坏，但总体而言还是成功的。在小说的结尾处，裴斯泰洛齐指出："坡那镇各行各业的生产能力，已经发展到了一定的程度，如果把这种制度推广到全邦，成效之大将是不可限量的。"在亚尔纳县长、格吕菲校长、毕立夫斯基部长等人力荐下，公爵逐渐接受了坡那镇的改革方案，并将之推向全邦。

《克里斯多夫与伊丽莎白》

《林哈德和葛笃德》（尤其是前两卷）的出版给裴斯泰洛齐带来了巨大声誉，原来不怎么待见、避之唯恐不及的亲戚朋友也对他刮目相看。在他们看来，百无一用、尽找麻烦的"傻瓜城的怪亨利""终于发现了一条让自己有用武之地的路"，并给他们长脸了。他们解脱了。

这种突如其来的幸福感在裴斯泰洛齐身上并没有持续很长时间。他不久就意识到虽然读者们喜欢小说的动人情节，但并不意味着肯接受他的基本思想，更难付诸实践，这令他心有不甘。因此，1782年裴斯泰洛齐开始创作第二本民间话本《克里斯多夫与伊丽莎白》，以向读者进一步解释他的思想。

《克里斯多夫与伊丽莎白》主要介绍一对农民夫妇和一位生活经验丰富的雇工约斯特的对话。他们探讨的实际上是《林哈德和葛笃德》中一些章节的重要思想以及在实践中的运用。一个名叫弗里茨的小男孩在一旁默默地听着，权当听众。

裴斯泰洛齐的用意是提醒看到新出版的小说的读者，事先必须读完他的第一部小说《林哈德和葛笃德》。

裴斯泰洛齐在《克里斯多夫与伊丽莎白》的开篇中还提纲挈领地列举了一些提示词，以便让读者能回忆起《林哈德和葛笃德》中的一些重要章节。

有趣的是，在这部小说中，代表裴斯泰洛齐思想的并不是那对农民夫妇克里斯多夫和伊丽莎白，而是他们的雇工约斯特。该部小说的整体构思显示了裴斯泰洛齐对宗教和道德问题的关注。他写小说的目的并不是卖弄自己、哗众取宠，而是用小说来引起社会的变革。

但这一想法却很难实现。小说以30个小时的夜谈作开头，内容充满学究气息，带着教育者的口吻，显得冗长乏味。这使大部分读者对裴斯泰洛齐的第二部小说并没有产生太大的兴趣。随着《林哈德和葛笃德》二、三、四卷的问世，《克里斯多夫与伊丽莎白》就逐渐淡出了人们的视野。

其他创作

除了上述简要介绍的三部著作之外，裴斯泰洛齐还在1782年创办了一份周刊《瑞士人报》，每周四出版。杂志中的大部分文章都出自裴斯泰洛齐之手，刊文的主题以教育、宗教、政治等为主，文章形式有小说、格言、逸事等。

Heinrich Pestalozzi.

Leben und Wirken

裴斯泰洛齐著作1846年版本

1783年，在《林哈德和葛笃德》第二卷出版的同时，裴斯泰洛齐自费出版了一部著作《论立法和杀婴》，探讨通过立法来制止杀害儿童的社会道德问题。

1793年，裴斯泰洛齐出版了《肯定或否定——裴斯泰洛齐对法国革命的看法》。他一方面谴责上层贵族统治者的专制独裁，另一方面也反对革命的报复行为和过激无度的非正义行为。

德国哲学家费希特（1762—1814）

1797年，裴斯泰洛齐受到德国哲学家费希特（Johann Gottlieb Fichte）的鼓励，写了一篇重要的哲学著作《我对人类发展中的自然进程的追踪考察》，主要论述人的发展与社会制约、道德教育的关系。此外，裴斯泰洛齐还在1797年发表了200多则寓言故事。这些寓言的思想内容大都涉及人的天性本质以及人的长处和弱点、自然状态与社会状态的关系、新旧时代的对立、社会的破坏力量、权力和滥用权力、正义、自由、压迫、教育、真理、法律等问题。

裴斯泰洛齐与革命

对法国革命的态度

1789年法国爆发了资产阶级大革命。深受启蒙运动影响的法国人民高唱民主、自由、平等的口号，采用暴力手段，推翻了统治法国多个世纪的波旁王朝的专制统治。不久法兰西国民议会又颁布了《人权与公民权利宣言》，用法律形式肯定民众的诉求。法国在这段时期经历着一个史诗式的转变，过往的贵族和宗教特权不断受到自由主义政治组织及上街抗议的民众的冲击，旧的观念逐渐被全新的天赋人权、主权在民、三权分立等民主思想所取代，从而成为真正意义上的革命。法国大革命不仅摧毁了法国的君主专制统治，传播了自由民主的进步思想，而且震撼了整个欧洲的君主专制制度并给以沉重打击，对欧洲乃至世界历史的发展产生重大影响。

1789年8月26日，法兰西国民议会发表《人权与公民权利宣言》

1792年，革命高潮中的法国国民公会鉴于《林哈德和葛笃德》的影响，为表彰裴斯泰洛齐献身于下层百姓的精神，授予他“法兰西共和国公民”荣誉称号。这促使他内心

木刻裴斯泰洛齐像

1792年，法国国民公会授予裴斯泰洛齐“法兰西共和国公民”荣誉称号

摆脱贵族阶级的理想，更多地接受民主思想和同情法国人民。

毫无疑问，法国革命者的思想和裴斯泰洛齐的理想有诸多一致性。例如，他们都倡导贸易自由与职业自由、新闻出版自由、言论自由、宗教自由，主张废除不公平的捐税和改善国民教育。但二者也有明显的区别：裴斯泰洛齐从未过高评价表面上的平等，而法国革命者把自由理解为各方面毫无约束的时尚，则与裴斯泰洛齐那种精确的自由概念完全不同。

被授予“法兰西共和国公民”称号的裴斯泰洛齐对法国革命持有两种态度：一方面他支持事件中的革命者，强烈谴责贵族统治者的专制独裁及任意剥夺人民权利的恶行；另一方面，他也反对用流血牺牲及诉诸暴力来实施新的制度，痛恨革命者的报复行为，例如在1792年和1794年间革命者的残暴行径使他深感恐惧和厌恶。他认为革命不能半途而废，人民不能在摆脱一个暴君以后又落到另一个暴君的手里。

在瑞士动荡政局中的作用

法国大革命对咫尺近邻瑞士国内的封建统治产生了巨大影响。它鼓励受到不平等待遇的下层民众提出自己的要求，进而反抗上层阶级的统治。苏黎世市管辖的施泰发地区就发生了这样的事件。

新兴的纺织工业使施泰发地区的经济发展很快，人民生活亦为之改善，但普通民众却享受不到任何的政治权利。于是，他们在一份文件中以十分温和的口吻向苏黎世政府提出了以下要求：

1. 制定一部宪法，既能保证城市公民，也能保证农村居民的政治权利。

2. 享有贸易自由与职业自由。

3. 允许农民上高等学校，以便将来能成为教师和牧师。

4. 要求军队里的普通军人也能像城市公民一样享有一般的权利，可以晋升为军官。

5. 要求有一个公平的税收制度。当时农民承担各种令人窒息的捐税，而商人、工厂及市民则不用交税。

6. 政府要关注乡镇过去的权利和自由，尤其是随着时间的流逝而转移到城市的那些权利和自由。

然而代表贵族利益的苏黎世政府对这份文件的反应却是极为震怒，扬言要逮捕和流放大逆不道的倡导者。在这种情况下，裴斯泰洛齐充当了人民的律师。他不赞同暴力，并试图说服双方节制。他在给政府的公开信中指出了时局的危险：

> 真正的公民道德离盲目的奴性思想和叛逆的粗鲁精神同样遥远，假装屈服与无节制地放纵同样可使国家崩溃灭亡。目前的危险很大，但未来的危险更是大得不可比拟。只有不伤害人民的感情，我相信，祖国才会得救。

约翰·卡斯帕尔·拉瓦特尔（1741—1801）

然而时局未按照裴斯泰洛齐希望的方向发展。民众的不满不断升级，后来发展为暴乱。1795年7月5日，苏黎世政府派遣了2000名士兵镇压施泰发地区的暴乱。村民们受到了严厉的惩罚，死刑判决正威胁着他们。裴斯泰洛齐作为调解人，一方面号召政府与民众保持镇定，要求政府保证受歧视的农民的权利和自由；另一方面他安抚民众。他不想再看到任何流血事件，包括死刑、暴力起义等。参与劝说调解的不止裴斯泰洛齐一人，他的朋友、著名诗人拉瓦特尔（Johann Kaspar Lavater）牧师也承担了中间人的角色。由于各方的调解，这场暴力运动并没有发生可怕的死刑判决，仅有260人被判处监禁和罚金。

裴斯泰洛齐对于那几年中贵族和革命派之间在欧洲、在自己祖国发生的肆无忌惮的流血冲突极为厌恶，声称对于通过政治来塑造人的梦想已经破灭，“即使过去是真的塑造了人。为了人民福祉，我将从现在起，在我的工作中把重点放在教育上”。

此时的裴斯泰洛齐已经年逾五旬。他曾向一位朋友袒露胸怀：我真担心，在我实现《林哈德和葛笃德》中的那些主张之前，就变得衰老、虚弱。

对法国干预瑞士事务的态度

18世纪末19世纪初，法国卷入了同几乎所有邻国之间的战争。代表资产阶级意志的拿破仑·波拿巴甚至把战争延伸至半个世界。施泰发事件爆发一年后，拿破仑在意大利取得胜利的消息引起了人们的注意，此后他又向奥地利进军，受到了当地人民的热烈欢呼及礼炮相迎。拿破仑的势力在欧洲急速膨胀。法军英勇善战、所向披靡，瑞士国内的革命者也鼓励拿破仑向瑞士进军，用武装力量来推翻旧秩序，建立新秩序。

拿破仑·波拿巴（1769—1821）

在法军步步紧逼的情况下，裴斯泰洛齐既不想国内暴乱升级，也不想法军向瑞士人大开杀戒。但他清醒地意识到，由于瑞士的封建保守势力盘根错节，瑞士的政治变革如果没有法国的帮助是无法完成的。按照裴斯泰洛齐的想法，法国只需向瑞士施加压力——而不是直接干预——就可推动瑞士的内部改革。可是，他忽略了法国当时所面临的潜在的经济危机，庞大的军队需要巨额的财富来维持开支。

面对国内日渐兴起的农民起义和暴乱，瑞士当局出于对法国军队干预的恐惧，开始妥协。1798年2月，瑞士各大城市宣布给予农民平等的权利，并允诺他们在自由、平等的基础上制定一部新的宪法。但是一个月后，强大的法国军队还是不请自来，挫败了瑞士人的抵抗，用15000名士兵占领了这个国家。士兵们到处烧杀抢掠，并将瑞士洗劫一空。裴斯泰洛齐的挚友拉瓦特尔以矛盾的心情描述出他的感受：

> 贵族被推翻，或许是极大的幸运。但是你们法国人像强盗与暴君来到瑞士。你们大谈自由，但我们却从来不像现在这样盲目服从，因为根据你们的废话我们是自由的。去威胁，去压制，去强求，疯狂地向周围的人开枪，抢劫，欺骗，敲骨吸髓，杀人——这是魔鬼的自由！
>
> ——写于瑞士被奴役的第一年，1798年5月10日

拿破仑仿照法国的中央集权制在瑞士建立了海尔维蒂共和国，将其划分成若干个州和行政区，国家由一个执行大议会和五人执政内阁控制。执行大议会制定的新宪法声称要保障所有公民的平等权和自由权，并改革封建主义的捐税制度。五人执政内阁也是由富有远见卓识的爱国人士组成。

体现资产阶级意志的瑞士新宪法具有一定的进步意义，有助于肃清瑞士的封建余孽，但由于是外来政权强加的，还是遭到了许多瑞士人的憎恨。

由于新政府的改革愿景与裴斯泰洛齐30年来所要追求的目标大部分一致，且他与五人内阁中的一人菲利普·阿尔布雷希特·施塔普费尔（Philipp Albrecht Stapfer）的私交甚笃，所以裴斯泰洛齐同意为新政体服务，并到新政府任职，担任一份政府报刊的编辑。他试图向人民宣传革命的意义与成功的希望，同时敦促新的掌权者履行自己对人民的诺言。

菲利普·阿尔布雷希特·施塔普费尔（1766—1840）

新政体反对封建宗教，掌权的瑞士革命者们仇恨一切教会活动。尽管新宪法声称要保障人民的宗教自由，但是牧师被禁止参加各种政治活动，他们的传教和布道受到警察的监督。在外来干涉者没有撤出这个国家、人民被强迫宣誓效忠新宪法的状态下，许多人觉得自己的自由受到了限制。显然，在此情况下，裴斯泰洛齐的宣传工作难以奏

效。他站在政府的立场考虑问题，文章常常带有“恩赐者”的口吻，言辞偏向说教，没有迎合所谓“人民的口味”，也遭到一些人的批评。这使他萌生去意。

施塔普费尔在新政府中担任艺术和科学部长。获悉裴斯泰洛齐的心愿，他试图为裴斯泰洛齐打开通往实现其教育主张的大门，安排他去一所学校当校长。裴斯泰洛齐这个新庄怪人，谢绝了施塔普费尔部长的委任；因为他宁愿当一名普通小学教师，而不是当官。但没过多久，当1798年底去斯坦兹创办孤儿院的任务呼唤他时，裴斯泰洛齐义无反顾地接受了这件艰巨得多的差事。

第二次教育实验——斯坦兹（1798—1799）

斯坦兹教育实验的由来

在法国革命力量的帮助下，1798年4月，瑞士建立了一个由资产阶级专政的海尔维蒂共和国。新政府要求瑞士人民对新宪法宣誓效忠，但以斯坦兹为主要地区的尼瓦尔登州拒绝服从，并爆发叛乱。于是，应执政内阁要求，法军开进斯坦兹地区维持秩序，该地区遂爆发激烈的战争，死伤无数。战争结束后，留下了大量孤儿，四处游荡，处境堪忧。

海尔维蒂共和国新政府征召裴斯泰洛齐解决战争孤儿及流浪儿问题，很快收到成效，流浪儿开始从城市街头巷尾消失

裴斯泰洛齐获悉此消息后，基于其一向关心弱势群体特别是孤苦儿童的立场，便向内阁大臣施塔普费尔建议：在斯坦兹建立一所孤儿院，收容战争孤儿。政府经研究同意并任命他担任孤儿院院长，并提供了一座位于阿尔卑斯山中因战争废弃的修道院作为办学场所。这次裴斯泰洛齐不仅没有拒绝，反而欣然接受了这

一任务，蛰伏18年后重新出山，在斯坦兹开始了他的第二次教育实验。在给友人的信中他这样写道：

> 我终于又可以为人民做点事情了……我是乐于去那里的。我如此强烈地渴望能最终实现一生中的伟大梦想，以至于即使在阿尔卑斯山无水无火的峰顶我也可以行动起来，只要能把这件事开个头。

斯坦兹孤儿院的创办

1798年12月，裴斯泰洛齐奉政府之命，只身到达位于阿尔卑斯山区的斯坦兹创办孤儿院，招收战争孤儿及赤贫儿童、心智障碍儿童。一个月后，斯坦兹孤儿院正式成立，创办伊始即招收了40名5～15岁的孩子。6周后，接纳的孤儿及流浪儿童达到80名。开办初始，孤儿院的条件极其艰苦，主要表现为以下几个方面。

斯坦兹外景

（1）物质条件贫乏。裴斯泰洛齐对此有过以下描述：“厨房、住室和床铺都还没有准备好，孩子们就涌进来了。这样，一开始就造成了很大混乱。在最初几周里，我不得不住在一个24平方英尺（2.23平方米）的小屋里；空气浑浊，天气很坏，施工产生的灰尘充满了各个角落，住在这里使人感到很不舒服。”同时，床位也不够。孤儿院只有50张床，却有80个儿童入住。

（2）工作人手严重不足。“除了一位女管家之外，我只身一人来到孩子们中间，开办了这所教育院。我没有助手帮助上课，也没有助手帮助照料这些孩子的日常生活。”

（3）学童的健康及道德状况很差。裴斯泰洛齐初到斯坦兹时，面对的教育对象是状况极其低迷及凄惨的一群儿童。裴斯泰洛齐写道：

流落街头的流浪儿童

许多孩子刚刚到我这里时，身患严重皮疹，以致几乎不能走动。还有许多孩子，刚来时头上有化脓疮口。许多孩子衣衫褴褛，长满了虱子。许多孩子骨瘦如柴，像个骷髅，面色焦黄，皮笑肉不笑（心怀歹意），眼睛里充满恐惧，额头上布满猜疑和忧虑的皱纹。有几个则胆大妄为，无所顾忌，他们惯于乞讨、伪装和弄虚作假。另外一些孩子则被贫困压垮了，能够忍耐，却疑心很重，冷漠而怯懦。其中还有几个柔弱、娇生惯养的孩子，他们从前曾生活在良好的环境中。这些孩子提出的要求很高，他们总凑在一起，看不起贫困的乞丐的孩子和农民的孩子。在新的平等的环境中，他们感到不舒服，我们的照顾和饮食不符合他们的愿望和习惯。所有的孩子一般都比较懒散。十个孩子中也几乎找不到一个认识字母的。大多数孩子没有上过学，普遍没有受过教育。

1905年伦敦街头的乞讨儿童

（4）遭到当地市民的抵制乃至强烈反对。由于斯坦兹市民们普遍信奉旧教（天主教），而裴斯泰洛齐信奉的是新教（虔信派），在教派门户之见严重的当时，斯坦兹的许多市民不仅不支持裴斯泰洛齐的事业，反而口出恶言，要求他离开，声称天主教的斯坦兹不需要也不愿意让一个新教徒来教育和照管自己的孩子。在他们看来，新教徒比信奉邪说的人更坏。在此情况下，裴斯泰洛齐几乎成了孤家寡人就不难理解了。

然而，缺少他人的帮助，固然会造成许多不便，但在裴斯泰洛齐看来，也未必完全是坏事，因为少了教育理念不同的人的掣肘，恰恰可为他大展拳脚、实现心中理想的教育蓝图提供条件：

> 因为那些能帮助我的人，他们中的大多数越是有知识、有教养，也就越对我缺乏理解，越不能哪怕是仅仅从理论上懂得我所依赖的基础……他们的想法与我的观点毫无共同之处。……因为我不想把任何人工辅助手段当作教育和训练的工具来用，而只想以孩子们所在的环境、他们的日常生活需要和他们总是十分活跃的活动本身来教育他们。

孤儿院招收的智力残疾儿童

裴斯泰洛齐在斯坦兹（格鲁普1879年作）

面对这样一群状况极差的孩子，面对恶劣的物质条件，面对恶劣的外部环境，裴斯泰洛齐没有丝毫的厌恶和退缩，而是认为这恰好是实践自己教育思想的良机。他以一颗慈父的心对待他们每一个人，因为他相信人的天生的力量。

他没有确定的课本，而以起居室教育的方式，以慈母般的感情来教育这些儿童。

裴斯泰洛齐就是以这股执着的信念及百折不回的毅力，在斯坦兹开始了他的第二次教育实验。

历史文献中的裴斯泰洛齐像

斯坦兹教育实验的理论基础

以爱为核心的教育理念

经过新庄的第一次教育实验，又经过18年的埋头思索和创作，已到知天命之年的裴斯泰洛齐，思想更加成熟，理论准备更加充分，虽然其主要教育理念还是一以贯之。

源于基督教教义的博爱精神是裴斯泰洛齐开展教育实验的重要动力及基础之一。他声称："教育的主要原则是爱。"这种爱的教育有两层含义：一是指教育者对教育对象的真诚的、全身心的、无保留的关心与热爱；二是指受教育者接受了爱的教育之后，不仅改掉了各种不良习气，学会自尊自爱，而且乐于助人，乃至造福人类。

裴斯泰洛齐诞辰240周年发行的纪念章（1986）

基于这样的爱的教育原则，裴斯泰洛齐开展了第一次教育实验，收养了新庄附近的几十名贫困、孤残儿童，负责他们的衣食住行，并教他们识文断字，习得一技之长。这一次，裴斯泰洛齐之所以答应政府请求来斯坦兹开办孤儿院，也是基于他对瑞士人民和贫困儿童的爱。

教育心理学化的初步尝试

除了原有的以爱为核心的教育理念外，裴斯泰洛齐心中还萌发了初等教学法的新观念，认识到教学要从感觉经验开始，要围绕儿童日常的生活进行教育，为他们今后的职业生活准备一技之长，劳动教育要成为培养心智的手段。同时，教育要依循儿童的能力发展水平，找到一种简易的办法，使儿童能很快学会知识。这种方法甚至可教给一般父母，使之在家中也能教育子女。

在斯坦兹的短短几个月里，他通过实验，实践了自己的想法，并总结出了许多宝贵经验，为后来进一步深化的教育实验奠定了基础。

斯坦兹教育实验的具体内容

仿效家庭教育，实施爱的教育

在斯坦兹，不论是物质条件还是孤儿的素养、受教育情况，都异常低下，但裴斯泰洛齐并没有因此退缩，而是对孩子们付出了极大的爱心和热情。裴斯泰洛齐不仅自己对孩子充满了爱，而且还激发儿童心中的爱，使儿童之间和睦友好，互助合作。

在斯坦兹，裴斯泰洛齐实施的是“起居室教育”。他认为：

> 家庭教育的长处必须为公共教育所仿效，而公共教育只有通过仿效家庭教育才对人类有真正价值。

裴斯泰洛齐还进一步指出：

> 如果说，教育应该是好的教育，那么男女教育者慈母般的眼睛，必须在起居室中每天每时能从他们孩子的眼睛里、嘴里和额头上看出他心灵状态的各种变化。教育者的力量必须是纯父亲的力量，这种纯父亲的力量由于照料家庭生活而焕发起来。这就是我的根基。孩子们应从早到晚，时时刻刻注视我的前额，并从我的嘴唇上感知到，他们的幸福就是我的幸福，他们的快乐就是我的快乐。

裴斯泰洛齐总是以慈父的身份出现在孩子们面前。他对身心俱残的儿童并不歧视或嫌恶，而是满怀爱心。裴斯泰洛齐曾说：

> 我断定我的热情将如春天的太阳使冰冻的大地苏醒那样迅速地改变我的孩子们的状况。

他在一封与友人谈斯坦兹孤儿院教育经验的信中这样写道：

裴斯泰洛齐和孤儿们在一起

从早到晚，我几乎是一个人置身于他们中间。所有对他们的身心起良好作用的一切，都出自我的手。每一项帮助、在危难中伸出的每一只援助之手和他们得到的每一个教训，都直接来自于我。我的手放在他们的手上，我的眼睛对着他们的眼睛。我的眼泪与他们的眼泪一起流淌，我的微笑伴随他们的微笑。他们置身于世界之外，在斯坦兹之外，他们在我这里，而我也在他们中间。他们喝的汤也是我喝的汤，他们饮的水也是我饮的水。我一无所有，没有家庭，没有朋友，没有佣人，我只有这些孩子。在他们健康的时候，我在他们中间，当他们病了的时候，我就在他们身旁。我睡在他们中间，晚上我最后一个上床，而早上我又第一个起来。在床上，我还同他们一起祈祷和教导他们，直到他们进入梦乡，因为他们希望这样。尽管随时有被染上疾病的危险，我还是为他们洗澡，为他们洗脏衣服。

裴斯泰洛齐通过和孩子们朝夕相处，建立友谊，孩子们对他产生了依赖。这种爱的教育不是通过言辞产生，而是通过感情和教师的亲切关怀产生。

裴斯泰洛齐力图用共同生活的基本感情和发展儿童的心智力量，使之成为兄弟姐妹，并在此基础上唤起孩子们的道德和宗教情感。不久后，收到成效：

将近70个曾经变得粗野的乞丐儿童，在那样一种和谐的气氛中，带着那样的友爱、体贴和真诚生活在一起，就像人们只在为数不多的家庭中才能看到的兄弟姐妹之间的情形那样。

为达到上述目标，裴斯泰洛齐坚持了以下三原则：

（1）使孩子们胸怀开阔。通过满足他们的日常需要，让爱和助人精神贯穿在他们的实际行动当中，让爱在内心打下基础，并牢固扎根。

（2）逐步培养他们的多种技能，让他们在集体中实现助人为乐的愿望，化愿望为行动。

（3）教给他们词汇概念，例如“什么是善”“什么是恶”等，但这些词汇概念要与日常生活中发生的事相联系。

此外，还要注意的是，尽量少用言语。裴斯泰洛齐指出：“你必须彻夜地去思考，考虑你怎样只用两个词就能表达出其他人用20个词才能表达出来的内容，但你不应考虑把失去的睡眠补回来。”

在实践中进行身心和谐发展的训练并采用合适方法

德育。在道德教育和宗教教育上，裴斯泰洛齐从不采用空洞的说教。他说：“我给孩子们讲解得非常少，我既不教他们道德，也不教他们宗教。”而是结合实际进行教育，抓住生活中的点点滴滴，调动孩子向善、助人的情感。

有一次，当乌里州的首府阿尔特道夫被烧毁时，裴斯泰洛齐把孩子们叫到跟前，说：“阿尔特道夫烧毁了，此刻可能有上百个孩子无家可归，缺吃少穿。你们想不想求我们好心的政府，请它把其中20个左右的孩子送到我们这儿来？”孩子们发自肺腑地表示同意。

当裴斯泰洛齐告诉孩子们这样做意味着他们会因此而减少食物，活也会干得更多时，孩子们仍很乐意地表示同意。

裴斯泰洛齐在教学

还有一次，格劳宾登州因战争而逃亡出来几个居民，路过孤儿院。为帮助孤儿们，他们含着眼泪塞给裴斯泰洛齐一些钱。裴斯泰洛齐立即把孩子们叫来，说：“孩子们，这些乡亲是从家乡逃出来的。他们或许不知道，自己明天该在何处栖身和在何处挣钱维持自己的生活，但他们却把这些钱送给了你们。我们是不是应该向他们致谢？”当时的情形是：“孩子们感谢他们的情感是如此深切，以至于这些男子汉感动得掉下泪来。”裴斯泰洛齐就是这样在生活中，抓住机会利用各种生活情景，对孩子们进行道德教育，其效果与单纯的说教不可同日而语。

智育。在智育方面，裴斯泰洛齐主张儿童的知识来源于经验，来自其真实的生活环境，反对夸夸其谈，反对脱离实际的教科书。同时，他把不同年龄的儿童组成混合班，让儿童们在集体中学习；继续实行导生制，鼓励大孩教小孩。

体育。在体育方面，他一开始就十分注意锻炼孩子们的体魄，目的是使他们将来适应劳动和取得谋生的本领。

体罚。裴斯泰洛齐认为必要时可以使用体罚。当学童冷酷、顽梗、不服管教时，他偶尔会使用体罚；但他的体罚和当时学校里一般教师的体罚完全不同。他的体罚类似于父母对子女的体罚，是建立在真诚的亲子关系基础之上的；而一般教师的体罚不具备这样的基础。孩子们对此也能理解。因此，“当我在体罚过后，很快又向他们伸出手，吻他们的时候，他们甚至感到高兴”。

有一次，裴斯泰洛齐重重地责罚一个他平时最喜欢的孩子，原因是这个孩子依仗裴斯泰洛齐对他的爱，无理地威胁了另一个孩子，被受欺侮者告发。这个孩子受到体罚后，哭了很久，并幡然悔悟。当裴斯泰洛齐走后，他主动请求被他欺侮过的那个孩子的原谅，甚至感谢这个孩子向裴斯泰洛齐告发他的不良行为。裴斯泰洛齐在谈到此事时，非常感动，因为这是孩子们在受了他的教育之后真实情感的流露。裴斯泰洛齐还解释道：

> 我打的耳光之所以不会给我的孩子们造成坏印象，是因为我整天和他们在一起，因为我献身给他们，他们能够体会到我对他们纯真的爱。他们理解我的行动，因为他们知道我的心。然而，父母、朋友、教育家和来访者却不理解我。但对此我并不介意。对我来说，只要孩子们理解我就够了。我一直努力，让他们能够理解我为什么这样做，而不采取另外的办法。

裴斯泰洛齐在斯坦兹

学习与劳动结合的新观念

新庄的教劳结合实践二者之间没有内在联系。在斯坦兹，裴斯泰洛齐有了新想法，打算将教学机构与工业机构（一个纺织加工场）融为一体，以加强文化知识教学与生产实践或劳动教育之间的内在联系。但由于缺乏有关工作人员，又缺少必要的设备，所以这一打算只有暂付阙如。尽管如此，他还是让孩子们学习纺纱，为日后打通任督二脉做好准备。在此期间，他已认识到："在这样一种融合成为可能之前，首先必须实现基础学校教育和基础劳动教育，使人们弄清两门专业的特点。"

裴斯泰洛齐还提出，劳动教育必须从锻炼孩子们的体魄开始，应以适应劳动需要和取得谋生本领作为劳动教育的目的，而不宜过多考虑劳动收益。这种想法与新庄注重手工劳动的经济效益相比，无疑前进了一大步。裴斯泰洛齐还进一步提出，教劳结合要建立在儿童心理发展的基础上，把学校与手工工场有机地结合，这是未来职业教育的趋势。上述观点对今日的学校教育、劳动教育、教劳结合理论仍有借鉴意义。

采用心智训练新方法

裴斯泰洛齐依据儿童能力发展的顺序，并不一开始就让孩子们拼读，而是本着发音练习要走在阅读之前、由简到繁、循序渐进的原则，对儿童进行心智的训练。

从直观教育原则出发，裴斯泰洛齐经常带领学生到附近工场参观，学习手工生产知识。他还经常带领孩子们到户外，到大自然中去远足、旅游，教孩子们细心地观察自然现象，启发他们，培养他们的观察能力和判断能力，回来后一起讨论，总结一天的活动。

在艰难的物质条件下，为使教学顺利进行，裴斯泰洛齐发明了石板和石笔，让孩子们在同一时间就教学中的共同课题进行写字、画画和计算训练，而不必使用价格昂贵的纸张。自此以后，廉价易得的石板、石笔在各国的贫民学校中广泛使用了很长一段时间。

由于师资缺乏，裴斯泰洛齐进一步推行他在新庄实行的导生制。这样，他一个人可以在同一时间教很多学生，提高了教学效率。

斯坦兹教育实验的结果及评价

法国占领军进驻裴斯泰洛齐办学的孤儿院，改为战地医院

裴斯泰洛齐在斯坦兹工作七个月后，以法国为一方，以奥地利和俄国为一方的战争炮火延伸到了孤儿院所在地。当俄国军队逼近时，在斯坦兹的法国占领军要求将以前的修道院即裴斯泰洛齐正在办学的孤儿院改为战地军队医院。没有任何商量的余地。斯坦兹孤儿院遂不得不在1799年6月8日遣散儿童，不久后就被迫关闭。裴斯泰洛齐曾试图换地重建孤儿院，但未获政府同意。无奈之下，身心俱疲的裴斯泰洛齐接受了好友的建议，离开斯坦兹，到外地去疗养了一段时间。

裴斯泰洛齐在斯坦兹的工作时间虽短，只有七个月，但他在缺乏同事及居民支持的情况下，独当一面，照料了80多个孩子，进行了多项实验，在短时间内取得了极大成功。裴斯泰洛齐这一时期的成就主要表现在以下几个方面。

德育及爱的教育新经验

在斯坦兹，裴斯泰洛齐按照家庭模式创办学校，进行了大量实验，取得很大成功，在性格发展方面获得了极佳效果。裴斯泰洛齐发现，一旦和儿童建立起亲子般的关系，以直接经验为基础培养儿童的美德是容易奏效的。在一些较难教育的对象身上，晓之以理，动之以情，用真诚的爱去感化儿童，较之传统的棍棒、皮鞭，会收到更为理想的教育效果。

教劳结合的思想得到进一步深化

与新庄的教劳结合相比，斯坦兹儿童劳动的主要目的不是增加收入，维持孤儿院的运作，而是适应未来劳动需要和取得谋生本领，着重于劳动技能本身的训练。劳动在获得知识和发展智力方面也起着重要作用。

此外，注重在劳动中培养儿童勤劳、精细、有计划、重条理等品性。总之，劳动的生产性已被劳动的教育性所代替。

而且，裴斯泰洛齐进一步提出，劳动教育必须建立在心理学的基础上，劳动教育应从锻炼儿童体魄开始。同时，他提出应将学校教育与工场劳动有机地结合起来，并预示这是未来教育发展的趋势。可以说，他的斯坦兹孤儿院就是一所职业学校的萌芽或稍具雏形的职业学校。这种尝试在历史上具有重要意义。

不过，裴斯泰洛齐的教劳结合也有局限性，如教学与劳动的结合仍只是外部的、形式的、机械的结合，缺少内在的联系。在有关实验中，儿童进行的劳动只是家务、农业和手工劳动，带有明显的小生产性。这与时代背景有关。对于如何科学地进行劳动教育，裴斯泰洛齐虽有些新设想，但并未形成一套系统的方法。但是，他提出了教劳结合主张并一再进行了实验，积累了诸多经验，可谓前无古人。

开始了教学心理学化的尝试

裴斯泰洛齐在斯坦兹实验中进行知识教育的时间增多。除了努力将劳动教育与心理学加以联系外，其教育心理学化的观点在文化教育上亦取得了许多成果，如主张直观教育，让孩子们在生活中接受教育；教育必须依据儿童心理发展的特点，由简到繁，循序渐进等。他力求找到一种最简化的教学方法，使每个母亲不用他人的帮助也能教育自己的孩子。这些方法在斯坦兹得到初步运用，标志着教学心理学化的正式启动，后在布格多夫和伊佛东得到了进一步的发展。

可以说，裴斯泰洛齐的斯坦兹教育实验起了承上启下的作用。

第三次教育实验——布格多夫（1799—1804）

布格多夫教育实验的肇始

斯坦兹孤儿院被迫关闭后，裴斯泰洛齐受到了很大打击，有人形容为“就像一个翻船落水的人，经历了无数个疲惫、焦虑的黑夜以后终于见到了大地，顿时激起了生的希望，而这时偏偏又遇到了倒霉的大风，他又被刮入无边无际的海洋”。

在费希尔（Fischer）的建议下，身心疲惫的裴斯泰洛齐到阿尔卑斯山区的旅游胜地格尔涅格尔去休养了一段时间。然而，即使在休假期间，他也念念不忘贫民教育事业。他描述了当时的心情：

> 当我站在格尔涅格尔的顶峰上鸟瞰脚底那美丽的、无边无垠的山谷时（以前我从未曾见到过如此开阔的景色），尽管眼前的景色优美宜人，我还是无心欣赏，我考虑得更多的是那些受过劣等教育的人。我不能也不愿意胸无大志地混日子。

因而，当进步官员、慈善人士希纳尔（Schnell）法官建议他去布格多夫工作时，他立即从格尔涅格尔山上下来，几天后就匆匆赶到了布格多夫，准备继续从事他的初等教育实验。

布格多夫是伯尔尼州的一个城市。1799年7月底，裴斯泰洛齐满怀期望地到达这里。然而，布格多夫当局并不信任他，开始并未委以重任，只把他派到城外的一所郊区学校任教。

一直到裴斯泰洛齐生活的18世纪，欧洲包括瑞士的平民教育甚为落后。为了让孩子学会简单的读写算知识，人们常把孩子托付给一个退伍士兵或一个无业者，有时候一些手工业者也会通过当兼职教师来增加收入。而贵族阶级一般会将子女送入教会学校或者聘请有学识的人担任家庭教师。当时，师范教育尚未成形，大多数教师是由外行人兼职，缺乏应有的文化素养。裴斯泰洛齐在一篇文章中写到，由于当时瑞士整体教师水平十分低下，选择教师的标准也十分奇特：

> 我们几乎没有发现有一个像样的教室。选择教师往往不看他的能力，而只是看他有没有房子。房子做了教室后，教师的全家仍然居住在里面，在上课时照样干他们的家务。邻居们也常常带着他们的手纺车来这儿干活，他们觉得这儿比家里更暖和、更热闹有趣。

布格多夫当局分派裴斯泰洛齐去任教的这所学校其实就是在一个鞋匠家里开设的贫儿识字班。教师兼鞋匠塞缪尔·迪斯利（Samuel Dysli）不论在业余时间还是在教孩子们识字时，都从不放下手中的活儿。孩子们只是机械乏味、鹦鹉学舌般地跟他朗读，听他照本宣科地讲解《新教教义问答》。这种学校极其简陋，和英国的妇媪学校（Dame School）没有多大差别。

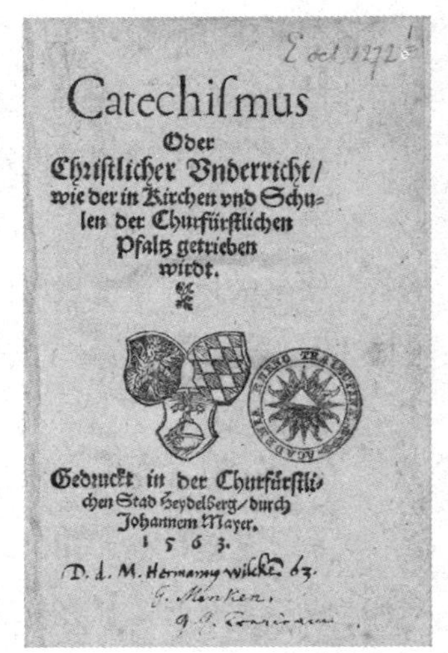
Catechiſmus
Oder
Chriſtlicher Underricht/
wie der in Kirchen und Schulen der Churfürſtlichen
Pfaltz getrieben
wirdt.

Gedruckt in der Churfürſtlichen Stad Heydelberg/ durch
Johannem Mayer.
1563.

1563年版《新教教义问答》，常被用作小学教材

热心于贫民教育的裴斯泰洛齐并不计较学校物质条件的好坏，抵达后即全身心地投入教学当中。

裴斯泰洛齐所采用的教学方法与鞋匠完全不同。他抛开书本，注重感觉教育。他认为阅读之前应理解，即先思考，而所有的思考都以感性经验为基础。在上语言课和直观课的时候，他教孩子画线条、长方形、圆形及各种图画。裴斯泰洛齐采用实物教学的方法，激发学生独立思考和自主活动，尊重儿童个性和兴趣爱好。裴斯泰洛齐的教学一改往日课堂上那种死气沉沉的现象，学生们都怀着极大的兴趣听他讲课。

新英格兰的妇媪学校（1713）

设在住宅中的旧式课堂

这一切却引起鞋匠的不满。鞋匠认为裴斯泰洛齐的新颖教学方法会使自己失去原有的地位、职业和收入，因而强迫裴斯泰洛齐改用他的那一套陈旧教学方法，同时还煽动学生家长反对裴斯泰洛齐。强龙斗不过地头蛇，裴斯泰洛齐遂不得不离开；但他在乡村学校几个月里所取得的教学效果是显著的。

美国威斯康星的一所早期乡村师范学校校牌

离开鞋匠掌管的学校后，多亏希纳尔等进步官员的推荐及对裴斯泰洛齐的教育心理学化实验的支持，使他有机会到布格多夫城北的一所初等学校任职。裴斯泰洛齐开始在一个低年级班任教。八个月后，因所教学生的成绩突飞猛进，被改派教一个高年级的男生班。

在这期间，鲁道夫·费希尔在布格多夫开办的师范学校开学。但费希尔于1800年5月因病去世，裴斯泰洛齐遂应邀接管此校，因为发展师范教育以改善小学师资现状是他长期以来的心愿。该校后发展成为一所培养小学师资的著名的教育学院。

1800年10月1日，在伯尔尼政府的支持下，裴斯泰洛齐又在布格多夫创立了一所初等公立学校，后发展为集小学、寄宿学校、师范于一身的综合性学校。伯尔尼政府为他提供了一座城堡作为办学地点。该城堡立于一座山丘上，周边开阔，绿树成荫，溪流环绕。与以前简陋的办学环境相比，真可谓鸟枪换炮了。

裴斯泰洛齐教育实验的办学地点布格多夫城堡（铜版彩雕，威斯1760年作）

为避免斯坦兹孤儿院单枪匹马的教训，裴斯泰洛齐将一批志同道合者招致麾下，共襄改革盛举。这是一批能干的青年教师，各有专长。例如克吕希（Krusi）担任读写和算术课的教学，托布勒（Tobler）承担历史和地理课的教学，布斯（Buss）承担音乐和绘画课的教学，内夫（Naef）承担体育课的教学等。他们通力合作，发展新的教学方法，实行班级教学，使裴斯泰洛齐的教学心理化实验取得了极大成功。

裴斯泰洛齐在布格多夫办学的得力助手克吕希、托布勒、布斯

布格多夫教育实验的宗旨

裴斯泰洛齐教育心理学化的设想在斯坦兹的实验中小试牛刀，在布格多夫的初等教育实验中则得到了进一步的发展。他的教育心理学化思想总结起来包括以下两点。

直观性教学

裴斯泰洛齐所谓的“直观”在德语原文中为“anschauug”，含义复杂。有人经研究后指出，其义既可以指对客观事物的感知觉，也可包含整个认识过程，包括“简单的领悟、直接的认识、及时的评价、具体的经验、私人接触、第一手印象、面对面的交往、对人与事的直接反应”等。总之，此概念的基本精神就在于“促进人和外界的交往”。

裴斯泰洛齐认为，直观乃人类精神的基本能力之一，并构成一切心理活动及知识经验的基础。他指出，婴儿降生后，首先依靠感觉印象学习。作为有机生命的机体，儿童观念的清晰与否，主要依赖于感官对事物的接触；所用感官愈多，对事物的认识也愈正确。

裴斯泰洛齐在其教学理论中，反复论述知识、经验的基础是对外界事物的感觉印象；同时指出，开始得到的感觉印象是混乱的、复杂的，感觉印象必须与内在的理解力结合起来，才能形成明白、确定的表象，并上升为清晰的观念。

> 教学首先把当前混乱、模糊的感觉印象一个一个地呈现到我们的面前，然后把这些孤立的感觉印象以变化的姿势放到我们眼前，最后把它们跟我们早先已有的整个系统组合起来，清晰概念就是这样形成的。
>
> 这样一来，我们的学习就是从混乱走向确定，从确定走向明白，从明白走向完全清晰。

此即裴斯泰洛齐所理解的一个完整的心理过程，亦即构成教学过程之基础。与此有关的学说成为裴斯泰洛齐所谓的教学心理学化的重要内容。需要指明的是，裴斯泰洛齐的直观教学思想极有可能受到德国哲学家康德（Immanuel Kant）的影响。康德曾指出，人的知识过程开始是“自在之物”作用于人的感官而使人获得感觉

康德（1724—1804）

巴泽多（1723—1790）

经验，但这种感觉经验要由先天的能力（直观形式和范畴）加以整合、综合，才能形成有普遍意义的科学知识。

应该指出的是，在裴斯泰洛齐之前，有一些教育家如捷克教育家夸美纽斯、德国泛爱主义教育家巴泽多（Johannes Bernhard Basedow）倡导过直观教学。夸美纽斯在《大教学论》中，甚至将直观性原则列为教师教学必须遵循的金科玉律。裴斯泰洛齐无疑也会受其影响；但裴斯泰洛齐力图从认知规律加以论证，将其纳入心理学化范畴，这是超越前人之处。

1658年版《世界图解》第67课插图：开矿。《世界图解》是夸美纽斯根据直观性原则编写的世界上首部童蒙图画教材

巴泽多在其开办的泛爱学校注重对儿童进行直观教学

除直观性原则外，裴斯泰洛齐还提出了教学的循序渐进原则及充分调动儿童学习主动性、自发性和自我能动性等原则，它们也是教学心理学化所必需的。

要素教育论

裴斯泰洛齐认为：

> 初等教育从它的本质讲，要求普遍地简化它的方法，这种简化，是我一生所有工作的出发点。

裴斯泰洛齐为了使儿童的内在力量能够和谐发展起来，为了改变当时学校呆板、烦琐、经院式的教学方式，同时为了使每一个普通家庭和每一个母亲不需要外界帮助就能够容易地教育自己的孩子，曾持续多年潜心研究如何更好、更简便地进行教育、教学，在此基础上提出了要素教育原理。

裴斯泰洛齐素描

裴斯泰洛齐认为，在各种教育、教学过程中，在各门学科中，都存在着一些最简单的因素，即所谓的教学要素（element of instruction），教育、教学过程必须从这些最简单的因素开始，逐渐转移到复杂的因素。这样的教育、教学就符合心理学的原则，简便易行，效果良好。他认为要素教育原理可体现在智育、德育、体育及劳动教育等各个方面，但主要体现在智育中。要素教育理论是裴斯泰洛齐对初等教育新方法进行研究和实验所取得的主要成果。在有关论述中，他对教学心理学化的起点、内容和方法作了进一步具体的探讨。

贯彻爱的教育

除教育心理学化外，对儿童的“爱”也是裴斯泰洛齐所有教育实验的宗旨。这一宗旨在布格多夫的实验中也得到了贯彻。在布格多夫的实验学校中，师生之间、学生之间到处都充满着爱。裴斯泰洛齐力图把学校教育办成充满爱的家庭教育，并取得了极大的成果。

各科教学法实验

在布格多夫学校中，裴斯泰洛齐根据直观教学、要素教育、爱的教育等理论，通过语言、数学、历史、地理、体育等各个学科的现场教学和实践探索，开启了人生第二次初等教育改革实验。

智育

1．语言教学

语言教学分为三个步骤：发音教学，或言语器官的训练；单词教学，或关于单个事物的教学；语句教学，或正确表述熟知事物及其有关知识的手段。语言教学的目的是把模糊的感觉印象上升为清晰的概念。

（1）发音教学。发音教学又分为说话发音教学和唱歌发音教学。说话发音教学主要在家庭中由母亲进行。要让孩子尽可能早地知觉全部说话的声音，甚至在孩子还不会说话的时候，母亲就应让他经常听到声音。在每一个家庭里，应该让孩子还在摇篮里的时候就听到这些声音，而且应通过不断地重复，使之印象深刻，巩固不忘，哪怕在这之前孩子连一个单一的声音都发不出来。学会发音应从学会发元音开始，然后在元音的前后添上辅音，构成基本的音节。这种简单的声音得到不断重复之后，把单词的字母一个个地摆出来。如Gardener（园丁），是这样摆的：

G–Ga–Gar–Gard–Garde–Garden–Gardener

然后用同样的方法把字母一个个拿掉，直到拿完为止；最后，把单词分解成音节，按照音节的顺序号读过来背过去。这样反复练习，目的是让儿童学会准确地发音。

唱歌的教学应从最简单的开始。完成了这一步，紧接着逐步进行新的练习。由于裴斯泰洛齐本人并不善于音乐，所以，在音乐方面的实际教法是由其助手来完成的，但其原则仍来自裴斯泰洛齐。这一点亦为业内人士所承认。唱名记谱法的创始人约翰·柯温（The Rev John Curwen）大师在教育协会举办的一次关于裴斯泰洛齐的讨论会上说，他特地出席会议，是为了证明他从裴斯泰洛齐的方法中获益匪浅。

（2）单词教学，或称名称教学。先列出单词表，这个单词表里包括自然界及社会各部门的知识。在儿童学会拼读后作为阅读练习提供给儿童。儿童必须获得丰富的单词。记单词是为以后阅读、语言教学打好基础。

（3）语句教学。语句教学的目的是使儿童从紊乱的感觉印象上升到清晰的概念。要达到这一目的，裴斯泰洛齐认为要遵循以下顺序：（a）把物体当作一个整体来认识；（b）逐步认识该物体的各种特性并学会称呼；（c）通过语言，用改变字词本身及其排序的方法，获得使用动词和副词来定义事物的能力。语言教学应依据从简到繁的原则，以儿童的感觉经验为基础，从引导儿童描述他们感官所接触到的事物开始。例如：

鳗鱼：滑滑的，像爬虫一样的，表面有皮的。

晚上：安静的，明亮的，寒冷的，下雨的。

然后，以相反的程序：

圆的：球，帽子，月亮，太阳。

轻的：绒毛，羽毛，空气。

在此训练的基础上，再学习简单的句子，先教儿童读，然后提问。例如：

父亲是和蔼的。

蝴蝶有鲜艳的翅膀。

牛吃草。

提问：

谁是和蔼的？什么有鲜艳的翅膀？

然后反过来问：

父亲怎么样？蝴蝶有什么？

然后，分别从动词、形容词出发，训练使用动词、形容词等，类似于造句。

在学会表述简单的短句子后，再过渡到复杂的长句子，让儿童从模糊的感觉印象上升到清晰的概念。

裴斯泰洛齐在教学

2．形状教学

形状教学也有三个基本过程，且与感觉印象密不可分：测量教学，直接依赖于感觉印象，或称直观；绘画教学，是在测量基础上进行按比例的模仿；书写教学，是通过绘画、形状而获得写的能力。

正方形等分量格

（1）测量教学。在教育中，绝对准确的观察有赖于测量。测量教学以对方块的分割为基础，对正方形进行分解是测量的基础。用直线把正方形等分成确定的量格（如左图所示），得到某些形状，再用这些形状去测量所有的角、圆和弧。这整个体系被裴斯泰洛齐称为“直观ABC”。

此图包含着书写艺术特征的各种线条，儿童只要能准确地分割一个角和在它的周围画上一段弧，他就已经有了精确地画出所有字母的基础。

在实验中，裴斯泰洛齐把测量教学分为以下步骤。

(a) 向儿童演示直线的性质：互不相连、各自独立、方向各异。

(b) 把直线命名为水平线、垂直线和倾斜线，倾斜线又分为上倾斜线和下倾斜线。

(c) 把不同的平行线命名为水平平行线、垂直平行线和倾斜平行线。

(d) 把由直线相交而形成的主要的角命名为直角、锐角和钝角。

(e) 然后，用同样的方法教儿童认识并命名所有量格的原形：把正方形两等分、四等分、六等分而得到的形状；圆以及圆的变体——全卵形、半卵形、四分之一卵形等。

(f) 在儿童认识了这些图形的基础上，让他们画这些形状。在此过程中，为了让儿童获得每个形状的清晰概念，要向儿童演示形状的比例部分，如“如果水平矩形2的长是高的两倍，那么，垂直矩形2的高就是其长的两倍”。

测量能力就是这样一步步地通过辨认这些确定的形状而发展起来的。它使模糊的观察力上升到一种明确的规则的艺术，并通过绘画在儿童身上得到进一步的发展。这样会使儿童逐渐熟悉量格，以便达到一种直觉的地步。以后，在测量复杂物体时就无须把量格放到眼前了。

(2) 绘画教学。绘画教学就是锻炼儿童再现感觉印象的能力。儿童先学习画直线（直线、曲线），然后画角，然后画各种各样的图形。教绘画时，刚开始要让儿童用石笔在石板上练习绘画，直到他们比较熟练以后才用钢笔。

裴斯泰洛齐像（1846年作）

(3) 书写教学。书写教学从属于绘画教学，绘画教学能使儿童容易正确临摹字母的形状。同绘画教学一样，在书写教学中，先让儿童用石笔在石板上写，目的是让儿童熟悉字母的形状及其组合，直到他们写会了，达到一定的年龄阶段，再让他们用钢笔写字。所以，实际上书写教学分为两阶段。第一阶段，让儿童熟悉字母形状及其组合。在这一阶段，儿童使用石笔。第二阶段，让儿童使用合适的书写工具——钢笔来练习写字。在使用钢笔之前，把字母按大小比例给孩子们写出来，同时发给学生字帖，要重点向儿童讲解字母的基本形状。这一阶段适用于低年级儿童。

3．数学教学

裴斯泰洛齐认为，数目是达到教学目的——清晰的概念的最重要、最直接的手段。

数学的最基本要素是1。数学教学的第一个步骤是让儿童认识数，然后在此基础上进行简单的加减运算。数学教育要以实物为基础，在儿童数数、计算的起初阶段，应以实物来进行教学，让儿童弄懂“数”所表达的具体意义。比如，如果我们在不明白3、4和7的具体意义之前只记住“3+4=7”，那么就并不知道这个“7”的背后的含义，“3+4=7”也就失去了其存在的内在真实含义。

先让儿童认识数的具体含义。可采用这样的方法：先让孩子们认识一个单位，然后逐步把“1”个单位增加到另一个上，让其明白“2”的性质、“3”的性质，依此类推，全部计算的开端变成了孩子们最清晰的感觉印象。

先把实物摆在儿童面前，让他们对1、2、3等简单的数字产生感觉印象。比如用自己的手指，或豌豆、石子等物体。然后，用点和画来代替实物，使儿童对数目真实关系的认识巩固起来。在反复训练的基础上，儿童逐渐摆脱实物、代替物和点、画等，运用心算发展推理能力。

在实验中，裴斯泰洛齐发现写在阅读板上的字母是最方便的实物。首先把一个字母写在板上，问：“上面有多少？”孩子们说：“1。”然后再加上一个，问：

1+1=?　　　　回答：2

依此类推：

2+1=?　　　　回答：3

3+1=?　　　　回答：4

开始只教几个字母，直到通过这种简易的练习，儿童的能力提高了，才逐渐增加更多的字母和数目。然后，把加上去的字母一个个地拿掉，并问：

比20少1的数是多少？　　　　回答：19

比19少1的数是多少？　　　　回答：18

接着问：

1+2=?　　　　回答：3

3+2=?　　　　回答：5

5+2=?　　　　回答：7

然后又问：

99−2=?　　回答：97

97−2=?　　回答：95

然后：

1+3=?　　回答：4

4+3=?　　回答：7

2+3=?　　回答：5

直问到100，然后再回过头来问：

5+3=?　　回答：8

直问到100。

然后，又问：

5+4=?　　回答：9

2+4=?　　回答：6

3+4=?　　回答：7

再进一步问：

2+2=?　　回答：4　问：几乘以2是4?

4+2=?　　回答：6　问：几乘以2是6?

6+2=?　　回答：8　问：几乘以2是8?

这样一直问到100，然后回过头来问：

100−2=?　　回答：98　问：几乘以2是98?

98−2=?　　回答：96　问：几乘以2是96?

96−2=?　　回答：94　问：几乘以2是94?

以同样的方法接着问：

3+3=?　　回答：6　问：几乘以3是6?

4+4=?　　回答：8　问：几乘以4是8?

关于分数教学，裴斯泰洛齐运用的方法是通过等量地分解正方形让孩子们认识分数。为达此目的，裴斯泰洛齐设计了三张表。①单位表，由12行组成，每行有12个长方形空白，第一行的每个长方形画一条线，第二行的长方形画两条线，依此类推，直到最后一行，画12条线。②简单分数表。③繁分数表（见下图），它是第三张表的左半部分。

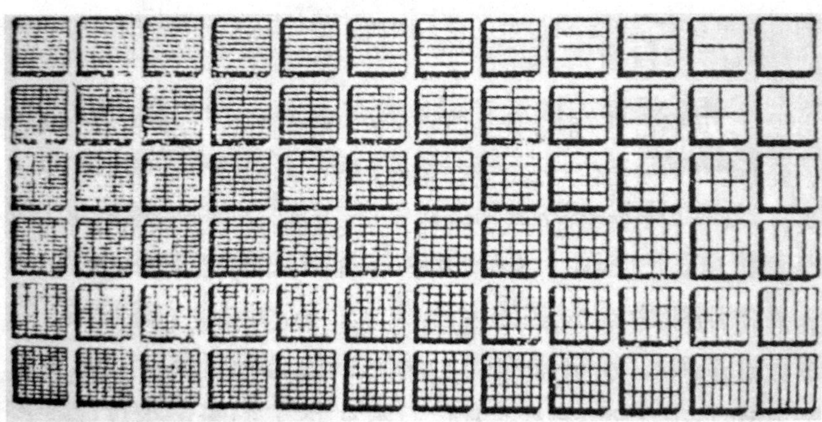

裴斯泰洛齐设计的繁分数感觉印象表

依据循序渐进原则，第一张表里（即单位表中）的第一行里的正方形不分解，第二行里的正方形二等分，依此类推一直到10。

继这张简易分解表之后，再画第二张表。第二张表里二等分的正方形，在这里则分为2、4、6、8、10、12、14、16、18、20，接下来的一行被分为3、6、9、12等部分。

裴斯泰洛齐教学图

用这种方法，孩子们学会了简单分数和繁分数。

德育和宗教教育

在裴斯泰洛齐看来，道德教育和宗教教育密不可分，道德教育就是宗教教育。宗教教育和道德教育均以“爱”为基础，从爱母亲最终发展到爱上帝。道德目标的实现，代表着宗教教育目标的达到。只有当“热爱、信任、感激和乐于服从的情感”发展起来后，才有可能爱上帝。所以，必须：

> 首先热爱人、信任人、感激人和服从人，然后才能渴求热爱、感激、信任和服从上帝。任何人如果不爱自己已经见过的兄弟，怎么能爱未曾见过的上帝呢？

德育的最简单要素是孩子对母亲的爱，因而，德育应以孩子对母亲的爱为基础，逐步发展。

孩子出生后，母亲出于一种本能会照顾孩子、喂养孩子、保护孩子，满足孩子的需要。这样，爱的感情以及信任、感激就会在孩子的心里自然产生。孩子会逐渐爱那些像他母亲的人，爱那些同母亲亲近的人。这种“人类爱的种子，兄弟爱的情感便在他的心里萌发了”。

儿童在形成了对母亲及父亲的爱之后，可再逐渐扩大到爱兄弟姐妹。儿童稍大，再将儿童的道德力量——爱的情感进一步发展，转到爱周围的一切人，然后爱全人类，并意识到自己是整个人类的一员。一个人的道德力量由此而得到实现。

卢梭引导儿童

这一道德发展模式——爱双亲—爱兄弟姐妹—爱周围的人—爱全人类，或称道德教育四部曲，与卢梭在《爱弥儿》中提出的有关道德发展观点——爱母亲—爱兄弟姐妹—爱人类及上帝不无相似之处，或者也可以说是脱胎于卢梭。

裴斯泰洛齐主张学校教育应该效法好的家庭教育。师生间应建立父子般的爱，儿童之间则确立兄弟姐妹般的友爱，使整个团体沉浸于一种大家庭的温馨、融洽气氛之中，在此基础上，培养儿童一般的义务感及道德感。

在德育过程中，裴斯泰洛齐反对空洞的道德说教，尤为重视教师以身作则和学生的道德行为练习，认为用个人示范来影响儿童，远胜过说教和恐吓。他主张主要训练儿童的道德行为，让儿童学会自我控制，帮助他人；同时，让儿童对日常生活中的事例进行比较，判断是非，形成自己的道德观念。儿童道德行为练习的最好方法是做善事。在《林哈德和葛笃德》一书中，裴斯泰洛齐描写了许多有关事例。例如葛笃德的子女宁愿自己挨饿，把省下的面包悄悄送给更贫穷的邻居的孩子，在他们的内心对此行为产生了一种美好的情感体验。

裴斯泰洛齐指出，对孩子的非分要求，无论他怎样大发脾气，喧哗，母亲都应无动于衷。渐渐地，儿童便会使自己的意志服从于母亲的意志，在他的心里，耐心、服从的种子就会萌发。

在学校里，裴斯泰洛齐十分强调教师应该像慈父一样，他本人就是以慈父的面貌出现的。当然，前面已讲过，裴斯泰洛齐并不是主张对孩子们一味地溺爱，而主张爱与威严相结合，必要的时候也用体罚。

历史文献中的有关布格多夫的素描

自然常识和地理教育

自然常识教育主要通过对大自然的观察，在欣赏、野炊、画画、讨论的过程中进行。

在地理教育上，裴斯泰洛齐本着由近及远、由简到繁的原则，引导儿童从对身边地理知识的观察开始，通过观察周围的地形，形成初步的地理知识，然后逐渐扩展到本县、本省、全国直至整个世界的地理现象。

具体而言，先是用泥土粘成模型，然后让他们看挂在墙上的地图，并逐步扩大儿童地理知识的范围，认识整个地球与人类的关系，并使这些认识与自然、农林、牧渔、气候、交通、城市、人口相联系，使儿童对地理学习产生浓厚的兴趣。这样，学生们就会毫不困难地获得有关地理的常识和概念。

体育及劳动教育

裴斯泰洛齐重视体育和劳动教育对于实现教育目的和教育任务的重要作用，认为儿童生来就有要求活动的愿望，这也就是有待发展的体力的萌芽，是体育和劳动教育的基础。体育及劳动教育的最简单的要素是关节活动，因为只有关节的活动才能保证人有行动的可能。

裴斯泰洛齐还指出，劳动教育是一种“实践技能的培养”。他认为认识与行动是紧密联系在一起的。

> 一个受过教育、品德高尚的人需要掌握的一切能力，有赖于他的知和行的能力。人类所需要的智慧和知识不是自发地产生的，同样，他所需要的一切能力也不是自发产生的。培养智力和技能需要有适合于人类本性的、符合心理学规律的一套循序渐进的方法。同样，培养这些行动的技能也取决于一个基础牢固的教学艺术初步的机制，也就是说，要遵循教学艺术的普遍规律。根据这些规律，儿童可以通过一系列从最简单到最复杂的训练而得到教育。这种训练的结果必然会使儿童在他们需要教育的所有方面，获得日益得心应手的技能。

因此，发展和培养行为能力也应同智育和其他教育一样，重视儿童的心理，以初步的直观为基础。体育及劳动教育应从体力的最简单的表现形式开始，因为“人类最复杂的实践能力的基础就蕴涵在其中”。二者的最基本要素是关节的运动。关节的运动包括打击与搬运、刺戳与投掷、拖拉与旋转、绕圈与摆动等。这些基本的运动是构成人类行动乃至各种职业的最复杂的基础。裴斯泰洛齐要求在训练儿童这些关节的活动中，必须训练最微妙的神经功能，因为“它使我们能够准确而又形式多样地进行刺戳和回避、摆动和投掷等活动”。

19世纪欧洲人的体育锻炼

学校的体育活动有游戏、军事体操、旅行、游泳、手工劳动、运动会等。

裴斯泰洛齐还指出，体育与劳动教育、智育、德育是不可分开的，它们之间可以起到相互促进的作用。循序渐进的体力练习不仅能发展儿童的体质，而且能培养儿童的劳动精神，使他们学会劳动的基本技能。体力练习还能发展儿童的智力，培养儿童的情感、意志以及各种道德品质。

《葛笃德如何教育她的子女》

裴斯泰洛齐和他的同事们一起为新教学法的改革而努力工作，在教育实验过程中逐渐积累了不少心得经验。为了尽快将教育领域里的新发现公布于众，从1800年元旦开始，裴斯泰洛齐通过与苏黎世的出版商亨利希·盖茨纳（Heinrich Gessner）通信的形式，来阐释他的教育理论见解。这本以通信体写成的著作名曰《葛笃德如何教育她的子女》。如果说20年前裴斯泰洛齐凭借小说《林哈德和葛笃德》声名鹊起，享誉四方，其中宣传的教育主张虽属重要内容，但人们关注较多的是他的社会改革思想及民主主义观念，那么，他的新作则更使他坐实了大众教育大家和教育革新家的地位。

1781年至1787年，裴斯泰洛齐先后发表了四卷本的长篇小说《林哈德和葛笃德》，塑造了葛笃德这一美好的平民妇女、平民教育家的形象。这一形象逐渐深入人心，家喻户晓，故他将代表布格多夫教育实验成果的通信集定名为《葛笃德如何教育她的子女》，试图以葛笃德之口，来传递自己的教育新见解。

1800—1804年裴斯泰洛齐办学所在的布格多夫城堡

裴斯泰洛齐一共给盖茨纳写了14封信。在1801年公开出版时，其中的第7封信被出版者塞法兹（Seyffarth）分为两封，因此，《葛笃德如何教育她的子女》一书由15封信组成。它是裴斯泰洛齐最具代表性的教育专著。这15封信包含的内容基本上涵盖了裴斯泰洛齐教育理论的主要观点。

在第一封信中，裴斯泰洛齐首先阐述了自己从事教育活动的思想基础和对彻底改革教育的认识。他立志通过改革学校教育来使劳动民众摆脱贫困，并给自己的余生定下一个目标——“我将成为学校的教导者”。

第二、三封信，裴斯泰洛齐详细介绍了他的几位得力助手在布格多夫的实验情况，称他们在教学心理学化、简化教学机制、要素教育等方面做出了重要贡献。裴斯泰洛齐指出，正是他们的协作与配合，才“挽救”了他，使其事业避免夭折。

在第四至十二封信中，裴斯泰洛齐全面论述了各科教学法的实验以及教学的基本规律和原则，指出教学原则应与自然规律和儿童身心发展规律相统一，把数、形、词看作知识、认识能力和教学艺术的基本要素，并分别阐述了这些要素的教学改革实验。

《葛笃德如何教育她的子女》1894年英文版封面

第十三封信主要论述实际活动能力的培养问题。裴斯泰洛齐把培养行动能力看作一个相对独立的教育过程，并把它与道德教育、智力发展过程相联系。

最后两封信则主要论述了道德教育和宗教教育。

《葛笃德如何教育她的子女》成为19世纪初等教育的经典之作，在理论与实践两方面都产生了深远影响。

这部书1801年在苏黎世出版后，引起公众的热烈反响。两年后，丹麦人托尔里莰有以下评论：

慕名蜂拥而至的布格多夫访客

在成千上万个夏季周游瑞士的人中间，很少有人没有拜访过裴斯泰洛齐。他的教学方法从彼得堡传到那不勒斯，引起人们的广泛注意。几乎没有一天他的布格多夫城堡不是充满了世界各国的来访者。天哪，怎么可能一个共同的兴趣吸引这么多人，来到这鲜为人知的布格多夫城堡呢？

在布格多夫的后期生活

独子雅克离世

1801年8月，正在布格多夫忙于教改的裴斯泰洛齐听到噩耗：原在新庄居住并兼管理之责的他的独子雅克死于非命，年仅31岁。遗孀携幼子不愿留在伤心处，搬至裴斯泰洛齐所在的布格多夫同住。残酷的历史似乎又跟他开了一个玩笑，父亲壮年去世，留下娇妻弱子的一幕又在他面前重演。年近花甲的裴斯泰洛齐遭遇白发人送黑发人的悲剧，他的内心情感陷入了危机。

由于工作需要，多年来，裴斯泰洛齐一直与妻子分居。幸好现在办学已趋于稳定，于是一年后妻子安娜也来到了布格多夫，一家人重新团聚，抱团取暖，稍微舒解了丧失至亲的悲痛。

布格多夫时期的安娜·裴斯泰洛齐·舒尔特斯（1738—1815）

裴斯泰洛齐与孙子哥特列布（1805年绘）

政府收回布格多夫城堡，教育实验终止

1802年夏，拿破仑从瑞士撤兵，随后瑞士爆发了国内革命战争。在这场战争中，海尔维蒂共和国政体瓦解。不久，法国军队又卷土重来。拿破仑在巴黎召集议员，欲为瑞士人民量身定制一部新宪法。1802年底至1803年初，裴斯泰洛齐被派遣参加巴黎的制宪会议，中途因事提前回国，不料却因此而失去了与拿破仑会面的唯一一次机会。

新宪法使裴斯泰洛齐期望得到支持的中央集权政府消失，贵族在伯尔尼州又占了上风。福无双至，祸不单行。就在这时，布格多夫所属的伯尔尼州政府下令，要求裴斯泰洛齐的学校不迟于1804年7月1日腾空校舍，交还政府，因为新上任的立场守旧的伯尔尼首脑看中了布格多夫城堡这块风水宝地，执意要占用该建筑，改建为自己的府邸。无力抗争的裴斯泰洛齐不得不执行。他曾无奈地、自嘲地说："他要拿去就给他好了。这本来就是贵族绅士的房子，现在也算是物归原主了。"裴斯泰洛齐在布格多夫的第三次教育实验就这样被迫戛然而止。

布格多夫教育实验的成效

裴斯泰洛齐在布格多夫学校的教育实验虽然终止了，但是裴斯泰洛齐的教育理念及推行的教育方法如爱的教育、自然教育、心理学化教学等带来了良好的实际效果，在布格多夫学校的数年实践中获得了巨大成功。

在布格多夫学校中，充满了亲子之间、手足之间爱的感情以及家庭式的融洽关系。师生关系质朴自然，一如山间淳朴的村民。每天清晨6时和晚间10时，是集合时间，全体儿童聚集在一个大房间内，裴斯泰洛齐会亲临现场，并像父亲般与学生谈笑，或给予鼓励、安慰。

在这里，儿童都十分健康快乐，身心得到了和谐发展。他们呼吸着山林、原野的清新空气，享受着自然之美的陶冶。

他们对于功课极感兴趣，喜爱图画、算术，甚至星期天也会主动聚集在教室里做各种练习。

儿童自己管理自己，相互之间没有争闹，不用惩罚。

学校形成了新型的教育工作体系，与传统旧学校完全不可同日而语。

虽然裴斯泰洛齐的办学地点被新任行政首脑收回，但他的教学方法还是得到了当局的认可。布格多夫教育委员会在给裴斯泰洛齐的信中写道：

> 你使能力不同的小学生取得令人惊讶的进步，清楚地表明，如果教师懂得如何了解学生的能力，并且按照心理学的规律去发展这些能力，那么，每个儿童都能有所作为。你已经证明，如何采用你的教学方法奠定教学的基础，以便学生在这些基础上进一步学习新的东西。过去 5 ~ 8 岁的儿童，在严格的管束下，只学会字母、拼写和阅读。你的学生不仅以前所未有的成绩完成了这些学习，其中最优秀的学生还在写作、绘画和计算方面获得了优异的成绩。你引起了他们对历史、博物、测量、地理等知识的兴趣。未来的教师只要懂得如何善于利用儿童已经走过的准备阶段，他的教学一定会容易得多。

裴斯泰洛齐与儿童亲切交谈

布格多夫学校的名声逐渐远播。为了了解裴斯泰洛齐的工作，借鉴其卓越的教学成果，各国教育工作者、学者以及政治家，纷纷慕名来到这里观摩取经。如德国教育家赫尔巴特就曾于1800年来布格多夫参观，其后写作《裴斯泰洛齐的直观教学ABC》，予以推介。

第四次教育实验——伊佛东（1805—1825）

进入伊佛东的前奏曲

与费伦贝格合作办学

在受到伯尔尼州政府的驱赶后，裴斯泰洛齐和布格多夫学校的师生们来到了明兴布赫塞，暂栖于一座政府提供的废弃的寺院中。而就在附近，伯尔尼的贵族人士费伦贝格（P. E. Fellenberg）正经营着一所模范农庄和教育学院。费伦贝格受到过裴斯泰洛齐的影响，正在以《林哈德与葛笃德》为蓝本，创办职业学校，进行教劳结合的实验（有关实验前后长达38年，深化发展了裴斯泰洛齐的有关理论）。此外他也主张将教育作为复兴祖国的工具。这些理念与裴斯泰洛齐契合。此外他拥有精明强干的组织能力和善于管理的经济头脑，而这两种特长正是裴斯泰洛齐所欠缺的。因此，来到此地后，裴斯泰洛齐的同事们提出两校合并办学的想法：费伦贝格负责组织管理，裴斯泰洛齐负责教育教学，以便强强联合，各司其职，各展所长。这一提议被费伦贝格所接受。

费伦贝格（1771—1844）

裴斯泰洛齐率布格多夫学校师生到明兴布赫塞，拟与费伦贝格合作办学，后不欢而散

但不久两人就闹翻了。主要原因是：身为贵族的费伦贝格不能容忍裴斯泰洛齐把穷人的孩子免费收进他的学校；而扶持穷人的孩子是裴斯泰洛齐一向坚定不移的信念。“道不同不相为谋。”于是，裴斯泰洛齐不得不寻求新的落脚点。

就在这时，裴斯泰洛齐得到了自诩开明及求贤若渴的俄国沙皇亚历山大一世（Александр I Павлович）的邀请：去俄国当大学教授，并帮助俄国改革学校。这个提议很诱人，裴斯泰洛齐差点就接受了。可是他的亲戚警告他说：“你不懂俄语，你也不了解这个国家。”裴斯泰洛齐正在犹豫之际，又收到了来自同胞的邀请。

沙皇亚历山大一世（1777—1825）

沃州政府伸出橄榄枝

就在裴斯泰洛齐为是否去俄国彷徨时，战后新成立的瑞士沃州政府向裴斯泰洛齐伸出了橄榄枝。他们仰慕裴斯泰洛齐的名声，获悉他的窘境后，邀请他去瑞士东部的伊佛东办学，决定把位于纳沙泰尔湖边的伊佛东宫（城堡）这座厚实、宽敞的建筑提供给

1830年前后的伊佛东宫

他，甚至承诺该地可作为他余生无偿使用的办学之地。这一提议当然是落难途中的裴斯泰洛齐求之不得的，也是他坎坷的办学过程中一直期盼的，于是二者一拍即合。

1804年底，裴斯泰洛齐与三位助手来到伊佛东，着手创办新学校。此时，留在明兴布赫塞的裴斯泰洛齐门徒正处于恶劣的氛围之中。费伦贝格变得独断专行，不容许任何异议存在。因而不久后，剩余的师生们也步裴斯泰洛齐后尘，一同迁往了伊佛东。裴斯泰洛齐把在布格多夫取得的教育教学成果在这里进一步推广和实践。很快，伊佛东成为欧洲最著名的初等教育改革中心。

暗夜惊魂的启示

在伊佛东教育实践开始之前，由于屡遭不幸，裴斯泰洛齐也曾怀疑自己。“我已经58岁了。”他想，“我一路走来，办学历程太不顺了。在新庄，不得不关闭；在斯坦兹，不得不离开；在布格多夫，他们解雇了我；在明兴布赫塞，事情又出了问题……我能在任何事情上取得成功吗？”

就在这时，他经历了一件令他终生难忘的事情，死里逃生，几乎是一个奇迹。

那是十月的一个晚上。裴斯泰洛齐在葡萄园的小路上散步。月朦胧，鸟朦胧，远处一片模糊。此时，他的思想也有些恍惚、迷失，因为自小时候开始，他经常这样独自遐思。

突然，两匹马小跑着从雾中冒出来，一个在右边，一个在左边，中间似有不小的空当。裴斯泰洛齐想让它们通过，于是站着不动。就在最后一刻，他注意到那是一辆马车，但已经太迟了。车辕把他碰到地上，他落在马腿下面，马车的轮子即将碾过他。就在这千钧一发的危急时刻，他下意识地在马腿之间跃起，迅速地滚到一边。沉重的马车隆隆地驶走。裴斯泰洛齐站了起来，看了看自己的衣服，上衣和袖子都被撕裂，但他自己却安然无恙，毫发无伤。

裴斯泰洛齐很惊讶，他的心跳得更快了。生命的突遭危险给他带来了一种平静和力量，这是他以前不可能相信的。他想知道："我是怎么做到的？"这时，他内心的声音给了他一个答案："不，这是上帝的旨意！"毕竟《圣经》中有不少所谓圣迹的记载，那是不能用一般的道理去解释的。

在经历了这次险情之后，裴斯泰洛齐再次相信自己，相信上帝的帮助，相信自己是上帝的眷顾者（新教加尔文教义中早有所谓上帝的"选民"之说），深信自己的使命尚未完成，一定要更坚定地走下去。

显然，裴斯泰洛齐面临危险时像年轻人一样飞身跃起是一种求生的本能，是一种应激反应；但他宁愿将化险为夷归之于上帝的帮助及旨意，反映了他潜意识中的一种愿望。无论如何，带着一种坚定信念、带着一种使命感去工作、奋斗，是有助于事业的成功的。

伊佛东初等教育实验及影响

伊佛东的教育实践在很大程度上沿袭了布格多夫的教育实践，或者说伊佛东的初等教育实验是布格多夫教育实验的延续、发展。

办学概况

伊佛东学院设有小学、中学和师范部，招收7～15岁的儿童入学。整个学院由裴斯

裴斯泰洛齐与学生亲切交谈

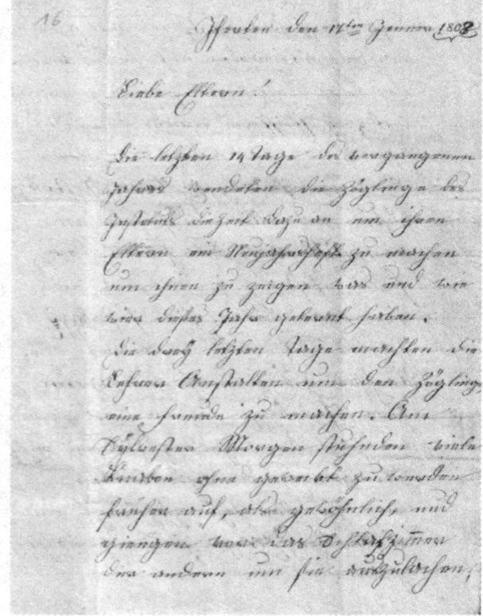

1808年1月17日伊佛东学院的一位学生写给家长的信（部分），反映获得裴斯泰洛齐关爱的情节以及学校的丰富生活

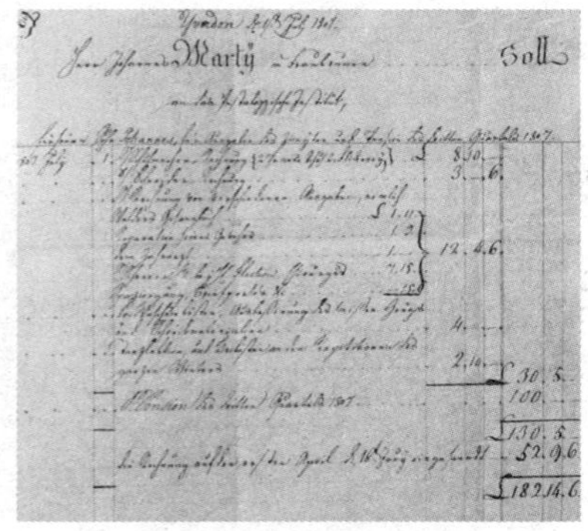

1808年5月24日裴斯泰洛齐与一位家长结清劝退学生费用的账单

泰洛齐和四名同事组成的委员会管理，他们为每门课程挑选一位最高监督人并负责筹措经费。

学院的办学经费比较拮据。因为裴斯泰洛齐满足于只收取其他同类学校大约三分之一的学费。此外免费招收贫穷家庭的孩子，因此几乎三分之一的学生是不交费的。学院为教师提供膳宿，但几乎没有工资；对他们来说，主要是抱着奉献而不是赚钱的目的来校工作。

起初，裴斯泰洛齐依据学生的水平分成4级，再分成各班；有7间教室，12个教师；继续实行小组授课和导生制；实行分科教学，课程有语言、数学、形状、绘画、地理、历史、德语与法语、宗教、自然科学、拉丁语、体操、唱歌、信件等。有难度的课程安排在上午，音乐、绘画、击剑和手工劳动等安排在下午。他还根据学生的要求开设一些选修课。学生的活动还包括运动会、野餐、森林旅行、游泳、唱歌等。以实践的方式学习，通过谈话、提问、解释等来发展学生的各种能力。学校还招收寄宿生，入学年龄是7～11岁，其中有一些是弱智、行动有障碍和难以教育的孩子。裴斯泰洛齐会在每天的晚餐过后，与学生们亲切交谈。

伊佛东学院建立了良好的家校联系。裴斯泰洛齐欢迎学生家长对学校教育教学与管理公开提出批评性意见，而且他对每位来访者都热心接待，允许他们进入教室参观，认真听取他们对学校教育工作的建议。裴斯泰洛齐要求每位班主任必须定期向每个学生的父母报告孩子在学校的表现和学习进步情况，但不得对学生的成绩（比如证书、分数等）进行相互比较，而这种做法在当时欧洲的大多数学校里非常流行，普遍实施。裴斯泰洛齐坚持不将一个孩子与另一个孩子作横向比较，他认为对每个孩子应该只以他的成绩同他自己的力量和素质作比较。这一做法被当代苏联教育家苏霍姆林斯基（Васи́лий Алекса́ндрович Сухомли́нский，1918—1970）在其著名的帕夫雷什学校实验中采用并发展。

伊佛东学院

学校非常重视体育。按照裴斯泰洛齐的要素教育原理，教师以关节活动为要旨，开展各种体操训练，将所有的关节都按编排好的、有节奏的顺序进行系统的锻炼，力求整个机体得到全面的锻炼。体育活动种类多样。夏天，学校要求学生在附近的湖里定期游泳，因为游泳是男孩子的必备本领；冬天，孩子们可以玩堆雪人、滑冰、掷雪球等游戏。裴斯泰洛齐认为，滑冰使人机智、敏捷、果敢，可激发孩子们的学习兴趣，而且在严寒季节进行户外活动，可以呼吸到新鲜空气，促进身体健康。

户外授课

徒步旅行是学校生活的重要组成部分，它是学生直观体验生活情境的重要方式之一，因此，学校把它当作自然科学与地理学教学的一部分。学校没有假期，学生经常徒步到阿尔卑斯山，甚至到邻国旅行，时间有时持续几个星期。每次旅行之前，教师都会指导学生阅读描述地理与旅行的游记，查看地图，讨论如何准备旅行的必需品。此外，在上课期间，教师也经常带学生到户外观察，描绘或画出植物、动物、地形或岩石，但教师往往只说出某个东西的名称，其他内容则要学生独立领会与掌握。

学习烹饪

裴斯泰洛齐故居（1806—1809）

为了更好地推行教劳结合的思想，裴斯泰洛齐在伊佛东学院还附设印刷厂、装订车间以及小动物饲养场和植物园，并不时开展活动。裴斯泰洛齐认为，手工和田园劳动具有重大意义，学生们必须与锯子、锤子和刨子打交道。

裴斯泰洛齐希望学生在学校里就像生活在一个大家庭里那样尽可能地自然。所谓“起居室”教育也是学校教育的重要形式。他把学校理解为家庭，认为学校生活应该是丰富多彩、贴近大自然的。因此，不难发现，裴斯泰洛齐在伊佛东学校继续推行的是家庭式教育。有一次，一个农民在参观了伊佛东学校后惊奇地说：“哈！这不是一个学校，简直是一个家庭。” 裴斯泰洛齐听了以后极为欣慰，并对他说：“这是你给我的最大赞许。感谢上帝，我已经成功了，我要让世人相信，家庭和学校是没有界限的。”

伊佛东学院的影响

伊佛东学院的真正兴旺时期是1807—1809年。那时学校有165名寄宿生、31名教师（包括助理教师）、32名师范部的学生以及10名裴斯泰洛齐家族成员，一共238人。此外，当地还有一所女子学校也属于伊佛东学院。

在学院最初十年的鼎盛时期，学生人数大增；除了贫困学生外，中产阶层及上流社会的子女也慕名而来，学生逐渐增多，其中很多都准备升入大学。

伊佛东学院的巨大成功超越了国界，引起了广泛关注。各国的王公贵族、社会名流、政治家、教育家纷至沓来，慕名参观或访师求学，其中包括德国教育家福禄培尔、赫尔巴特，英国教育家欧文（Robert Owen）、贝尔（Adrew Bell）、兰卡斯特（Joseph Lancaster）等。许多参观者回去后都仿效裴斯泰洛齐的方法办学。例如，我们可从欧文在苏格兰新拉纳克创办的世界第一所幼儿学校实践中明显看到裴斯泰洛齐教育思想的影子。裴斯泰洛齐也因此被世人称为“教师的教师”“人类教育家”。

罗伯特·欧文（1771—1858）

约瑟夫·兰卡斯特（1778—1838）

欧文在新拉纳克开办的幼儿学校活动室（1815年的版画）

福禄培尔与裴斯泰洛齐

腓特烈·威廉三世（1770—1840）

德国与瑞士毗邻，加之裴斯泰洛齐的出生地是德语区，他的工作语言也是德语，故裴斯泰洛齐的影响最早波及德国，后来对德国的影响也日益加深。普鲁士国王腓特烈·威廉三世（Frederick William III）曾拜访过裴斯泰洛齐，决心根据裴斯泰洛齐的教育思想改革公共教育。不少德国教育家的思想也深受裴斯泰洛齐的影响。

裴斯泰洛齐在德国有两位著名的传人，即后来也成为世界级教育家的赫尔巴特和福禄培尔，他们都曾造访伊佛东。福禄培尔于1805年、1808年先后两次前往伊佛东，第二次还长住了近三年，力图从裴斯泰洛齐的办学实践中直接汲取思想养料，学到真经。回国后福禄培尔把伊佛东称为“教育圣地”。无论是他创立的幼儿园模式，还是他提出的幼儿园教育原理，从中都可以看到裴斯泰洛齐教育思想的影子。

福禄培尔（1782—1852）

首次造访伊佛东

福禄培尔（Fredrich Froebel）是19世纪德国著名教育家，是近代重要幼儿社会教育机构——幼儿园的创立者以及近代学前教育理论的奠基人，被誉为“幼儿教育之父”。

1805年，正在读大学的福禄培尔偶遇法兰克福模范学校校长格吕纳（Anton Grüner）。格吕纳对其十分赏识，认为他是当教师的料。在格吕纳的建议下，福禄培尔得以在法兰克福模范学校任教，从而开启了教师生涯。他对这份职业十分向往，在给哥哥克里斯托弗的信中写道：

我必须十分真实地告诉你，我感到我的职业非常适合我。好像我长期以来就是一名教师，我天生就适合从事这种职业。对我来说，似乎我从来就不想在学校环境以外的其他环境中生活似的。

格吕纳是裴斯泰洛齐的忠实信徒，模范学校就是按照他的教育方针开办的。正缘于此，福禄培尔有机会接触到了裴斯泰洛齐的教育思想，随之产生了浓厚的兴趣。当时，作为教育家的裴斯泰洛齐在欧洲的声誉已如日中天，他所创办的伊佛东学院受到越来越多的名人志士的关注，他们笃信裴斯泰洛齐的教育思想，为之痴迷。年轻的福禄培尔也十分仰慕裴斯泰洛齐的教育思想，他在《自传》中写道：

裴斯泰洛齐的名字这时已是教学和教育的口号。我很快就意识到，裴斯泰洛齐也是我生活的口号。……他的名字对我产生了一种具有魅力的影响，尤其对我的自我发展和自我教育更是一种激励。……现在我已开始了新的生活。我所听到的有关裴斯泰洛齐的每一件事情都强有力地吸引着我，尤其是他的生活、他的目标和他的斗争。我发现一份报纸也刊登文章陈述裴斯泰洛齐那众所周知的愿望和努力——也就是，按他自己的心意，在世界的每一个角落为贫困儿童建立教育机构。这个陈述，特别是最后一点使我心急如焚。因此，我下决心要去看望这位能如此思考和努力去做的教育家，去深入了解他的生活和他的工作。

对于刚刚步入教师行业和缺乏教育经验的福禄培尔来说，声名四播的裴斯泰洛齐和他的伊佛东学院具有极大的吸引力。这正是福禄培尔决心前往伊佛东、深入了解裴斯泰洛齐的重要原因。

在法兰克福，福禄培尔和当地贵族冯·霍尔茨豪森（Von Holzhausen）一家交往甚密。霍尔茨豪森男爵夫人获悉福禄培尔的意愿后，愿意为他提供旅费，助其前往瑞士伊佛东，学习裴斯泰

瑞士沃州伊佛东，裴斯泰洛齐与福禄培尔都难以割舍之地

洛齐的教学法。

1805年8月底，福禄培尔到达伊佛东学院。由于得到格吕纳的推荐，他在伊佛东受到了裴斯泰洛齐及其员工的更为热情的接待。和其他来访者一样，福禄培尔首先被安排到学校课堂里听课，通过自己的观察来学习，因为伊佛东没有人有空闲时间来为每一个来访者做详细讲解。裴斯泰洛齐爱提携后辈，他除对福禄培尔作了一般的安排外，还经常与小自己34岁、当时年仅23岁的福禄培尔面对面谈话，亲自向他解释一些教学方法。

福禄培尔对伊佛东的感觉是新鲜的，他对裴斯泰洛齐的人道主义精神和他的教育理想十分钦佩。他感到伊佛东学院就像一个大家庭一样，每天早晨和傍晚，裴斯泰洛齐都会对师生们宣讲他的教育观点。在福禄培尔眼中，裴斯泰洛齐就是伊佛东学院这个大家庭的慈父，处处受人尊敬。

在伊佛东学院访问期间，福禄培尔和三位年轻教师——地理教师托布勒（Tobler）、数学教师施密德（Schmid）和生物教师霍普夫（Hopf）相处融洽。由于工作忙碌，他们无法给福禄培尔直接解释学校教育机构的工作，福禄培尔主要以自己观察学习为主，他认为托布勒和霍普夫都是充满活力的年轻教师，他们的地理课和植物课尤其令他印响深刻。偶尔，福禄培尔也会得到他们的指点。例如，“施密德把他的有关数学科目的最基本原则介绍给我，并立即得到了我的赞同，因为我发现他的原则具有两个重要的特点，即多方面和一个彻底的科学基础。”

1805年9月中旬，福禄培尔结束了他对伊佛东学院的第一次访问，历时约半个月。在这短暂的时间里，福禄培尔如饥似渴地学习着裴斯泰洛齐的教育理念和办学方法，以便回国更好地开展教师工作。他说：

> 我的访问仅仅两个星期。我不断地学习，尽可能地吸取新的东西，以便对我将要承担的教师工作有所帮助。我感到，我应该忠实地记下自己对裴斯泰洛齐整个方法的看法以及它对我所产生的影响。带着这个观念，我尽力记住我所看到和听到的一切。

福禄培尔纪念邮票

尽管第一次访问时间很短暂，且伊佛东尚处于初建阶段，各方面尚未完善，但福禄培尔仍对这次访问留下了深刻印象。他目睹了欧洲最著名的教育机构的教学状况，从著名教育家那里汲取了养料；尽管他认为学校的教学计划也存在不足之处，但他的收获既丰富，又宝贵，为他后来从事教育工作奠定了重要基础。

第二次来到伊佛东

第一次访问伊佛东结束后，福禄培尔返回法兰克福模范学校继续担任教师工作；可他心里一直渴望能再次前往伊佛东，因为裴斯泰洛齐已经成为他心中的灯塔，他立志要像裴斯泰洛齐那样，为教育事业奉献一生。

1807年6月底，福禄培尔离开了法兰克福模范学校，到霍尔茨豪森男爵家里担任三个孩子的家庭教师。但他并没有急于给孩子们马上上课，而是经常带着他们亲近大自然，进行户外活动。孩子们对大自然充满了好奇心，不断提出“这是什么”“那是什么”“为什么”的问题，福禄培尔没有厌烦，耐心地一一解答，并且和他们一起收集各种实物做标本。

福禄培尔主张教育要顺应自然，要符合儿童的天性。这种教育方法显然是受到了启蒙运动思想家卢梭以及裴斯泰洛齐的自然主义教育思想的影响。

第二年春天，福禄培尔产生了一个更为大胆的想法，即带着孩子们一起去伊佛东参观学习，让他们接受旅行教育。于是，福禄培尔把他的想法告诉了霍尔茨豪森：“我能否带你的孩子到伊佛东去裴斯泰洛齐的学校里学习？我感到，他们在那里将会获得更大的好处。正如你所知道的，我在裴斯泰洛齐方法上有一些经验，我能指导他们个人去工作。”

绅士子弟在教师带领下到国外旅行，接受旅行教育

霍尔茨豪森得知此事后，立即表示赞同。他认为，远足旅行是家庭教育的重要一部分，况且目的地是声名远扬的伊佛东学院，孩子们在那里肯定可以获得更好的教育。

1808年夏，福禄培尔带着霍尔茨豪森的孩子们，开启了他第二次访问伊佛东的旅程。对于此次出访，福禄培尔早已心驰神往。他说：

福禄培尔在卡伊尔霍

在我的心里，我觉得没有什么事情能比得上与裴斯泰洛齐一起生活一段时间。我明确地表明了自己的观点。……在主人的同意下，我带着三个学生去了伊佛东。

福禄培尔第二次来到伊佛东学院时，学校的发展已走上正轨，名气更为显赫。他没有见到之前认识的托布勒和霍普夫，和孩子们一起被安排到教室里听课，并受到个别指导。课后，他们与伊佛东学院的学生一起参加体育活动、游戏、唱歌等，玩得不亦乐乎。和第一次访问的情形一样，福禄培尔见到了渐入老境的裴斯泰洛齐。他早晚都向师生们训话，依然是那样振奋人心，铿锵有力，激情四溢。

福禄培尔回忆道：

当裴斯泰洛齐讲话时，他所产生的那种有力的、不可抗拒的、激励人的和使人振奋的影响力，能使一个人的心灵受到鼓舞而去追求一种更高尚的生活。

裴斯泰洛齐像

虽然裴斯泰洛齐当时已届六旬，但他不辞辛苦，对自己的教育实验依然身先士卒，亲力亲为，坚持不抛弃、不放弃，把挽救贫困儿童的教育事业作为自己的人生理想。每天傍晚，裴斯泰洛齐仍会与师生一起散步、聊天，他的脸上总是信心满满，流露出对儿童的爱，福禄培尔也在旁边听得入迷。有时，裴斯泰洛齐还会带着师生一起到附近的山上徒步旅行，他那坚定有力的步伐完全看不出是一位60多岁的老人。他甚至还背着年幼的学生行走。正是裴斯泰洛齐的这种信念与毅力吸引着福禄培尔，指引着他不断前行，走向杰出教育家之路。

在伊佛东停留的近三年期间，福禄培尔开始深入思考教育问题。他从裴斯泰洛齐初等教育改革的实践中汲取养料，继承和发扬了裴斯泰洛齐的自然教育、生活教育、家庭教育、爱的教育、要素教育等思想。福禄培尔从世界的统一性入手，认为教育方法和教育目的是相统一的，教育顺应自然的同时要遵从儿童的本性。

通过对伊佛东学院的观察，福禄培尔发现户外游戏对儿童潜能的开发具有重要作用。游戏是每一个儿童都乐于接受的，它可以让儿童在快乐的环境中获得心智和体力的发展，同时游戏还是道德力量的来源，可以培养儿童的合作精神和各种公民道德品质。从某种程度上讲，福禄培尔后来创立的幼儿园理论（包括恩物、手工、游戏、苗圃、母亲教育等学前教育体系）均是在访问伊佛东时萌生的。

幼儿园的重要教具——福禄培尔恩物

福禄培尔恩物1：六个彩球

福禄培尔恩物2：三种几何形体

福禄培尔作业恩物之一：泥工。用黏土捏成各种形物

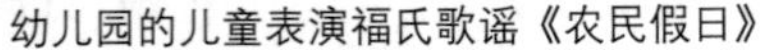
幼儿园的儿童表演福氏歌谣《农民假日》

福禄培尔创办的第一所幼儿园里的儿童园地

1810年底，福禄培尔准备和他的三个学生一起返回法兰克福。在这期间，福禄培尔尽力让孩子们愉快而健康地成长。他说：“我所指导的这三个年轻学生在伊佛东这里感到快乐。我对每一件事情都做了详细的记录，以便使他们能有所收获。”而且，第二次访问伊佛东也使福禄培尔自己取得了比第一次访问伊佛东时更为重要的进步：

> 那种强有力的、全面的和富有刺激的生活使我受到了激励，并以丰富的内容和力量紧紧地扣住了我的整个心灵。

在得知福禄培尔即将离开伊佛东的消息后，裴斯泰洛齐并未感到遗憾，因为他对这个年轻人已十分了解，认为他将来定会在教育领域有所作为。

在离开伊佛东的前一天，二人相约来到湖边促膝长谈。裴斯泰洛齐满怀深情地对福禄培尔谆谆告诫说：

> 你将做得更好，但不要太匆忙。你将是一位伟大的教师，但你首先必须了解你自己。还有很多东西需要去学习。

裴斯泰洛齐对福禄培尔的提携与指导是二人深厚情谊的重要表现。对福禄培尔的成长来说，第二次访问伊佛东比第一次时间更长、影响更深、收获也更多。他曾说：

> 如果想要把自己在伊佛东所发现的一切归纳成一句话，那么我说，那是在儿童

和少年中间的一种富有活力的生活，表现在各种创造性的活动之中，符合人的各方面需求，并发展人的心智和身体的全部能力。

离开伊佛东后，福禄培尔又到了哥廷根大学、柏林大学深造，学习哲学、语言学、物理学、化学、人类学、矿物学等。1816年，福禄培尔在格利斯海姆创办了“德国普通教养院”，开始了他的教育实验。1826年，福禄培尔出版了他的教育代表作《人的教育》。该书中的很多思想都可以从裴斯泰洛齐伊佛东学院的办学实践中找到根源。裴斯泰洛齐堪称福禄培尔在探索学前教育理论道路上的灯塔。虽然两人仅共事三年（或者说福禄培尔追随裴斯泰洛齐学习了三年），但裴斯泰洛齐对福禄培尔的影响则是贯穿其一生的。

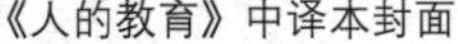

《人的教育》中译本封面

《幼儿园教育学》中译本扉页

赫尔巴特与裴斯泰洛齐

约翰·弗里德里希·赫尔巴特（Johann Friedrich Herbart）是19世纪德国哲学家、心理学家和教育家。他接替了裴斯泰洛齐教育心理学化的大旗，努力把教育学建立在心理学和实践哲学（伦理学）的基础之上，有力地推动了教育学的科学化发展，使之成为一门独立的学科，因此他被许多西方学者誉为“科学教育学的奠基人”。而美国著名教育家约翰·杜威称他为“传统教育”（orthodox education）的代言人。

赫尔巴特（1776—1841）

杜威（1859—1952）

赫尔巴特出生于一个法官家庭，自幼受到良好的家庭教育和学校教育。1794年进入耶拿大学，学习法律，深受康德、黑格尔、费希特、谢林等人的哲学思想影响。

1797年，在母亲的建议下，正读大三的赫尔巴特辍学前往伯尔尼，担任瑞士贵族冯·施泰格尔（N. F. Von Steiger）三个孩子的家庭教师。由此，赫尔巴特开启了他的执教生涯，同时也有了直接接触裴斯泰洛齐的教育思想与实践的机会。此后他与裴斯泰洛齐有过多次接触，包括在苏黎世、布格多夫、伊佛东等地。

赫尔巴特对第一次担任家庭教师这份职业倍加珍惜。他希望像康德、费希特、黑格尔等哲学家一样，先做家庭教师再做学问，以教书来获取实践经验，巩固所学知识，并为日后获取博士学位做准备。因此，赫尔巴特对这三个孩子进行了深入研究，认为14岁的路德维希、10岁的卡尔和8岁的鲁道夫的早期教育都有所耽误，必须根据他们的个性特点，激发他们多方面的兴趣。赫尔巴特与孩子们建立了良好的师生关系，他以极其负责任的态度对待他们，与他们一起探讨教材与方法，努力做到因材施教。此外，赫尔巴特每隔两个月左右就会给施泰格尔写一份工作报告，三年期间共写了24份。

赫尔巴特当过三年家庭教师的瑞士贵族施泰格尔的住宅

施泰格尔对赫尔巴特勤奋、认真的教育工作非常满意，赫尔巴特也对施泰格尔为他提供的自由、宽松的环境感到庆幸。他可以按照自己的方式开展教育工作，积累教育经验，这对他以后教育理论的形成产生了重要作用。也正是在这样的条件下，赫尔巴特得以有机会去拜访裴斯泰洛齐，学习他的教育经验。

赫尔巴特与裴斯泰洛齐的第一次碰面并非有意为之，纯属机缘巧合，且不是在裴斯泰洛齐的学校，而是在苏黎世。赫尔巴特在1798年1月28日的一封信函中提道："在苏黎世，我既没有见到拉瓦特尔，也没有见到黑格尔，但是却有机会结识了著名的裴斯泰洛齐。"关于这一次见面，相关史料记载并不多。

1799年夏，赫尔巴特在工作之余，第二次专程前往布格多夫拜访当时名声渐起的裴斯泰洛齐，并且深受这位"孤儿的慈父"的影响。

对这位年轻人的到访，裴斯泰洛齐表示热烈的欢迎，还特地安排了一次观摩课，向赫尔巴特展示了他的教学实验成果。赫尔巴特通过听课、观察以及与裴斯泰洛齐深入地交谈来获取信息。他为裴斯泰洛齐在甚为简陋的条件下能教会儿童掌握如此丰富的知识而惊叹不已。1802年，赫尔巴特曾回忆道：

> 十几名5~8岁的孩子通常在傍晚时刻被叫到学校。我担心他们会觉得不高兴，但孩子们没有一点不乐意的迹象。生动活泼的活动不间断地延续至结束。我听到整个学校说话的嘈杂声。不，不是嘈杂声，那是和谐的声音，非常清晰的，像有节奏的合唱一样，如此强有力、如此强劲地一气呵成。他们对学过的一切是如此清晰地记住了，因此，我几乎要费很大力气才不使自己从一个观众和观察者变成学习着的孩子们的一员。我走到他们中间去听是否有说得难懂的或差一点的，但我没有发现。孩子的发音使我听得很舒服，尽管他们的老师自己有着世界上最难懂的嗓音，而这些孩子的瑞士父母似乎也不可能把他们的舌头训练好。但事情是明白的，有节奏的齐声朗读本身会产生纯真而清晰的发音。没有一个音节会被吞掉，每一个字母找到了它的发音时间。以声音的自然强度不断大声说话的儿童自己训练了自己的发音。我觉得孩子们普遍而持久的注意力也不是一个谜，每个孩子同时活动着其嘴与手，没有一个是无所事事和一声不吭的，因此对注意力分散的需要被消除了。自然的活泼不要求疏导，就像共同学习的潮流不允许分岔一样。

在布格多夫时期，裴斯泰洛齐正进行着教育心理学化的实验，努力使教学内容、方法等符合儿童的身心发展规律。可是哲学素养极佳、善于深思的赫尔巴特却很难从裴斯泰洛齐的实验中找到科学性和逻辑性。他尊重所观察到的事实，从未停止分析在那儿得到的体验。毫无疑问，裴斯泰洛齐激励了赫尔巴特，使他继续探索教育心理学化的发展道路，进而在此基础上形成了一套教育哲学和心理学体系。

伫立于奥尔登堡的赫尔巴特半身像

赫尔巴特和裴斯泰洛齐的出身背景、成长环境都大不相同，造就了两人在个性与才智上的巨大差异。但他们并没有因此而影响沟通，反而因为对教育事业的钟爱结为了忘年之交。赫尔巴特多次前往布格多夫拜访裴斯泰洛齐，经常向他请教教学法，而裴斯泰洛齐也不吝珠玉，倾囊相授，拿出自己的实验成果与赫尔巴特分享、切磋。这为赫尔巴特后来专门研究裴斯泰洛齐教育思想提供了重要素材。

1800年，瑞士国内动荡的政局影响了不少贵族的地位，施泰格尔家族受到重创。赫尔巴特不得不结束自己的工作，返回德国。然而三年的家庭教师工作不仅使他获得了教育上的直接经验，而且使他从裴斯泰洛齐的教育心理学化实验中获得灵感，明确了今后自己努力的方向，即“研究教育学上的心理学问题”。

1951年德国发行的裴斯泰洛齐纪念邮票

回到奥尔登堡后，赫尔巴特受到朋友的邀请，去不来梅担任一所教堂学校的数学教师。在不来梅期间，担任教职只是赫尔巴特的副业，其主要工作则是宣传和研究裴斯泰洛齐的教育思想。他先后发表了《论裴斯泰洛齐的新作——〈葛笃德怎样教育她的子女〉》（1802年）、《裴斯泰洛齐的直观教学ABC》（1802年）、《论对世界之审美描述是教育的首要工作》（1804年）、《论评价裴斯泰洛齐教学法的观点——应邀在不来梅博物馆的讲演》（1804年）等著作。赫尔巴特因此成为德国“裴斯泰洛齐运动”的先驱者。

有别于狂热的裴斯泰洛齐信徒，赫尔巴特是带着批判的眼光来研究裴斯泰洛齐教育思想的。他认为，裴式方法根据清晰的感知来掌握经验，比以前的任何一种方法更利于儿童思维能力的培养；它没有把儿童当作有经验者来进行教育，指明了教师有职责授予学生知识并使之完善；它关注早期儿童的教学问题等，这些都应予以肯定。同时指出，虽然裴斯泰洛齐认为“教育过程就是感性认识上升到清晰概念的过程”，提出了“教育心理学化”的口号，但是他并没有建立真正的心理学体系，其教育实验大多是建立在经验积累的基础之上，因而缺乏科学性和逻辑性。

针对此缺陷，赫尔巴特志在发展裴斯泰洛齐的这一理论，并弥补缺陷。他声称：“我们不能仅仅满足于这种方法，不能把人类的思想看作一块固定不变的碑匾，在这块碑匾上，所有的文字都如同刚写上去一样永远清晰。”赫尔巴特以观念心理学为核心，详细阐述了感知对象是如何通过统觉过程而转变为确定的观念，从而为他的教育学奠定了坚实的基础。

《赫尔巴特文集》中文版（2002）

裴斯泰洛齐在布格多夫开展的是以爱为基础的道德教育，又称为“爱的教育”。赫尔巴特认为裴斯泰洛齐工作的首要任务是促进人同其所在世界的交往，指出他通过一些道德原理、感人的故事以及能激发情感的东西来训练学生的道德行为，把爱从自己引向整个社会。每个人的本质都是以其独特的方式呈现的，而不是完全取决于教育，因此它需要一种特有的照料和关心。赫尔巴特对此部分肯定，同时指出，裴斯泰洛齐的做法是片面的：

> 一般性地考虑许多人的关系，那尽管始终是对儿童做出这种考虑的真正的道德基础——对此裴斯泰洛齐的训练一方面是不够的，另一方面几乎不需要这种训练——然而这里提出的方向是：教育者首先应从何处出发去把他们较明确的努力方向转向性格陶冶。

显然，赫尔巴特部分肯定了裴斯泰洛齐的有关做法，同时指出了不足。这是深思的结果，也是赫尔巴特对待裴斯泰洛齐的基本态度。

《普通教育学》中译本

《普通教育学》波兰文版封面

直观教学是裴斯泰洛齐在布格多夫时期的重要成果。赫尔巴特高度赞扬了裴斯泰洛齐的直观性教学原理，声称：

> 自裴斯泰洛齐的实验以来，人们进一步信任教育学，它将有足够的能力不使提出的计划很快就落入空想或不可实现的境地。

《教育学讲授纲要》中译本

裴斯泰洛齐在直观教学上的成就是显著的，但赫尔巴特并没有止步于此，他批判了裴斯泰洛齐的思想，认为裴斯泰洛齐仅仅在低年级的范围内实验了这一原理，其目的在于“使一群糟糕的教书匠能驾驭轻松而严格的教学”。在批判的基础之上，赫尔巴特指出，直观教学“属于教育全部的，但要为教育的全部，则必须进一步扩大与发展”。他从心理学的角度出发，进一步发展了直观性教学原理，认为直观具有促进教育的能力，它在儿童的教育活动中最为重要，没有比直观教学更适合的教学了。此外，赫尔巴特还详细论述了直观教学原理在数学教育中的运用。

赫尔巴特对裴斯泰洛齐教育思想的深入研究极大地促进了他形成自己的教育学理论，1806年出版的代表作《普通教育学》就是在此基础上形成的，后来又出版了《教育学讲授纲要》（1835年），但二者体系并无明显差异，均以儿童的管理、教学和道德教育为主干。《普通教育学》被视为西方教育史上第一部具有科学体系的教育学著作，也是近代"科学教育学"创立的标志性著作。在这部力作中，裴斯泰洛齐对赫尔巴特的影响随处可见，例如把教育学建立在伦理学和心理学的基础之上就是继承了裴斯泰洛齐教育心理学化的思想；把儿童的个性作为教育的出发点说明赫尔巴特也考虑儿童身心发展的规律；注重兴趣对儿童的激励作用也是如此；他所提出的"单纯提示的教学"实际上就是裴斯泰洛齐的直观教学；等等。

伊佛东的争执

裴斯泰洛齐晚年的精神面貌及性格

虽然伊佛东的教育实验是裴斯泰洛齐一生事业的辉煌时期，但在伊佛东的20年中，有近15年都处于教师之间无休止的争执当中。这种争执常常以最尖锐的形式公开进行，诉诸报端、对簿公堂的现象屡见不鲜。这种祸起萧墙的现象不仅损害了伊佛东学院的形象，而且最终导致其关闭。

裴斯泰洛齐工作了20年（1805—1825）的瑞士沃州伊佛东学院

上述现象产生的一个重要原因是裴斯泰洛齐缺乏组织和领导、协调这所学院的能力。裴斯泰洛齐的个性是矛盾的，他不善于管理整个学院，没能做到沉着地、高屋建瓴地率领这个大家庭走向更美好的未来。裴斯泰洛齐在伊佛东学院最重要的同事之一卡尔·贾斯特斯·布洛赫曼（Karl Justus Blochmann）对裴斯泰洛齐当时矛盾的性格印象很深：

现在对我来说，若要稍许满意地描写裴斯泰洛齐了不起的性格特征是困难的，就像当时在他身边要理解他的性格特征使我感到困难一样。因为他的性格特征出现了那么多相互对立的各式各样的矛盾，甚至他的面貌都反映了这种矛盾。似乎他的整个面貌特征被蒙上了许多东西，并随情绪波动而变化着。在他的脸上一会儿显出最温柔的表情，一会儿又是感受心灵破碎的痛苦与悲伤；一会儿是令人恐惧的严肃，一会儿又像是充满爱与欢乐的天空。他深沉的眼睛经常像星星一样凸出，向四方射着光芒，而当他的眼睛流露出深奥莫测的内心世界时，其光芒又往往消灭殆尽。他的额头呈圆形，把年轻人的热情掩饰在老年的皱纹后面。他声调经常改变，有时怒吼，有时温和、悦耳动听。他走路的步子也不同，一会儿匆匆忙忙，一会儿不慌不忙，像陷入沉思，一会儿则是大胆而又令人钦佩。他的胸脯宽阔隆起，他的脖子粗而前倾，他的四肢肌肉坚实有力。他中等个儿，身材瘦削，但在他的举止及行为中却有一种能抗拒打击的巨大无比的力量。他的一切容貌特征都表现出一种性格，这种性格是人类本性的所有琴弦都参与奏鸣的结果，这种性格是深刻思想的支柱。

裴斯泰洛齐在伊佛东的同事布洛赫曼

渐入老境的裴斯泰洛齐

这段传神的描述或许可帮助人们更好地理解裴斯泰洛齐晚年的精神面貌及性格。从稚童到青年，从青年到老年，从遭人调笑的“傻瓜城的怪亨利”到誉满欧洲的成功人士，裴斯泰洛齐事业和家庭所经历的酸甜苦辣、悲欢离合、成败得失、跌宕起伏、荣辱兴衰是常人不曾经历的；无论是落难还是光环笼罩时，他内心的苦痛、孤独、寂寞、五味杂陈恐怕也是一般人难以理解的。也许是岁月的积淀、命运的弄人、坎坷的经历，或天性使然，最终造成了裴斯泰洛齐晚年如此复杂的精神状态。

有的研究者指出，与常人迥异的矛盾的性格与平庸的管理才能是伊佛东学院最终关闭的主要原因。尽管裴斯泰洛齐拥有拯救贫困人民于水火的远大抱负，但他却不善于处理同事之间的关系，没能处理好伊佛东学院的接班人问题。布洛赫曼还这样写道：

> 那时我跟他很接近。每当我注视着这位难以忘怀的人，他给我的印象常常像一个长大了的孩子，未脱孩提时的天真烂漫，同时也带着孩子的种种弱点和不成熟。天真无邪，信赖和善良，对孩子的温和与献身精神使他的灵魂美丽而高尚，直至他的晚年；但在冷静、深思熟虑和小心谨慎，男子汉的审时度势与运筹帷幄等方面却十分欠缺。他尽管拥有拥抱全人类的伟大理想，却并不具备领导这个小而又小的村校的能力和技巧。
>
> 就这样，围绕着谁是裴斯泰洛齐学院的领导和将来谁是裴斯泰洛齐的接班人的问题争论不休。关于后者，特别有两位同事的相争难解难分：约瑟夫·施密德和约翰内斯·尼德雷尔。

祸起萧墙，弟子相争，师徒反目

施密德（Johann Joseph Schmid）和尼德雷尔（Johannes Niederer，1779—1843）都是在布格多夫时期即跟随裴斯泰洛齐打拼的老臣子，堪称裴斯泰洛齐的左右手。前者曾是裴斯泰洛齐最得力的助手之一，后者则是裴斯泰洛齐最亲密的朋友之一。就亲密程度而言，裴斯泰洛齐有时甚至认为他们就是自己的儿子。他们都想依仗自己与裴斯泰洛齐的亲密关系，成为裴斯泰洛齐的接班人，但裴斯泰洛齐却难以取舍，故并未公开宣布。这是引发矛盾的重要原因。

施密德（1785—1851）

施密德比裴斯泰洛齐小近40岁，原是布格多夫学校师范班的学生，来自奥地利一个农村家庭，在学习期间就显露出了数学才能，不久就被裴斯泰洛齐提升为数学教师。施密德在数学教育方面的成就给学校带来了不小的声誉，福禄培尔和赫尔巴特都曾受过他的指导。

但在裴斯泰洛齐的学校当中，教育的中心不是头脑的训练，而是道德的培养，他始终把道德教育放在首位，这对施密德在学校的地位有所影响。

施密德的优点是专业技能突出、正义感强、洞察力敏锐、意志力强，对其他教师的要求较为严格，必须准时、不折不扣地完成任务。他的缺点也很明显：天性鲁莽、固执，占有欲和权力欲较强，过于苛刻的工作态度使他不太受其他教师的欢迎。

尼德雷尔受过神学院的高等教育，是一名神学家，1803年来到布格多夫，担任宗教和语言课的教学任务。由于语言功底扎实，他还经常帮助裴斯泰洛齐编辑文稿，裴斯泰洛齐著作的注释有不少是出自他之手。

尼德雷尔也是一个权力欲较强的人。他对当代哲学饶有兴致，一直努力使裴斯泰洛齐的教育原则与唯心主义哲学结合起来。在伊佛东时期，由于牧师、哲学家的身份和传教的需要等原因，尼德雷尔不久就成为学院的“发言人”，主管学院的宣传工作。他还创办了学院自己的印刷厂，通过发行印刷品，与竞争对手施密德展开了“殊死搏斗”，根本无暇顾及学校的教学工作。学校教师也分成两派，彼此互相攻击。

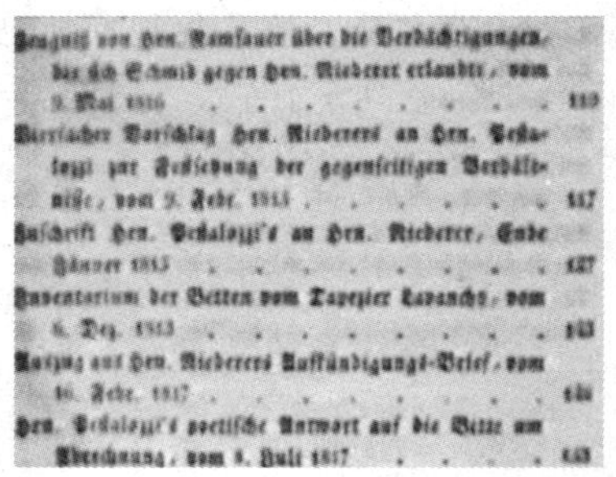

伊佛东学院教师内部进行论战的小册子

1810年，在全院教师大会上，施密德和尼德雷尔之间爆发了第一次公开的大冲突，结果是专横的尼德雷尔成功逼走了固执的施密德。施密德不得不带着四名教师离开伊佛东前往奥地利，继续依照裴斯泰洛齐的教育理论开展教育改革实验，传播裴斯泰洛齐的教育思想。

裴斯泰洛齐在伊佛东生活纪念章

成功挤走施密德后不久，尼德雷尔就后悔了。因为笃信神学的尼德雷尔并不热衷于学院的具体事务，事实也证明他没有能力管理好学院的日常教学工作和财政收支。他开始向施密德献殷勤，试图邀请他返回伊佛东。1814年，当尼德雷尔与裴斯泰洛齐女子学校的教师举行婚礼时，他邀请了施密德做他的证婚人。此后两人的关系稍有缓和，施密德遂顺理成章地回到了伊佛东，担任管理工作。不过两人之间的休战只是暂时的，不久又重新交恶。

施密德就任后，也并不是一位那么容易相处的人。他的执拗性格直接导致了伊佛东学院的发展由盛转衰。

1815年，施密德一回伊佛东就进行了一系列大刀阔斧的改革：停止之前的文字斗争，直接关闭了印刷厂，推行严格的簿记制度，辞退了近半数教师，迫使剩余的教师不得不承担更加繁重的教学工作。由于这些改革措施缺乏人性化的考虑，损害了大部分教师的利益，导致施密德在教师中树敌无数，学校危机四伏。年迈的裴斯泰洛齐虽是学校的最高领导者乃至精神领袖，但无力阻止施密德的这些做法；加之妻子安娜1815年的去世，裴斯泰洛齐的精神几乎到了崩溃的边缘，管事的意愿也急剧下降。

教师的矛盾逐渐公开化，裴斯泰洛齐不得不试图劝说他们和解，共同为伊佛东的美好未来而努力，但无济于事，1816年还是有16名教师受尼德雷尔怂恿从伊佛东学院出走。在圣灵降临节当天，身为牧师的尼德雷尔在教堂突然停止布道，对着裴斯泰洛齐大发雷霆，第一次公开宣布与裴斯泰洛齐脱离关系。至此，伊佛东学院内部的矛盾达到了高潮。

裴斯泰洛齐是这场闹剧最重要的受害者。辛苦经营一生的教育改革实验却因为内部的争权夺利而即将面临失败，他心中的苦闷无法排解。此时他已变得非常孤独，经常形单影只地站在某个角落里发呆，或许在为伊佛东学院的困难局面而叹息，或许在思考将来学院的继承人该是谁的问题。他的私人秘书约翰内斯·拉姆绍尔为他画了一幅背影图，并附上题词：

1816年拉姆绍尔所画的裴斯泰洛齐背影

他就这样站着，就这样走着，那位可亲而又可敬的男子汉。戴一顶黑毛料或羽绒的便帽，变了形，有灰尘；穿一件厚厚的长毛大衣，不像个样子，没有口袋，背后有两个长长的破洞，不戴围巾。通常不穿背心，鞋总是破的，袜子的上口总是倒挂着，长裤无背带。手巾，如果没有丢，总插在胸前。

从以上背影图及拉姆绍尔的描述可以看出，本来就不修边幅的裴斯泰洛齐在安娜去世后，缺乏至亲关怀，加之人事纠纷，让他心劳日拙，已经显得有些潦倒、邋遢了，令关心他的人唏嘘、感叹。

尼德雷尔宣布退出之后，要求与裴斯泰洛齐清算学院的财务，支付本人的报酬。二人发生了激烈的争执。裴斯泰洛齐一再退让。他把他的女子学校分给尼德雷尔，以为这样就可以抵消尼德雷尔的酬金。但尼德雷尔的野心并不止步于此，他认为自己有权得到的全部酬金要远远多于这所女子学校，并把裴斯泰洛齐告上了法庭，步步紧逼，毫不退让。裴斯泰洛齐一而再、再而三地向尼德雷尔求和。1823年2月1日他在给尼德雷尔及其夫人的信中说：

我从内心深处请求你和夫人，最终解救我的痛苦，这是我在邪恶与精神残杀所引起的折磨下忍受了将近6年的痛苦。亲爱的尼德雷尔！请你回忆一下我们以前彼此所希望与共同预言的东西。我希望再从你和你的夫人那里得到我从前在你们那里得到的东西，对于你们来说，我仍然同以前的我一样。但是我们必须彼此尽可能地共同努力。让我们坦诚无隐、毫无保留地相互原谅吧，让我们以纯洁的内心意志联合成一种真正的爱，一种寻求别人幸福的真正的友谊吧！尼德雷尔，你能够重新成为我的老朋友，就像20年前的你一样。亲爱的尼德雷尔夫人，对我来说，现在你事实上同以前的你是一样的。我会尽可能地喜欢你们，对你们来说，我也同以前的我一样。噢，上帝！我多么渴望我们的心灵使我们重新成为我们自己，渴望我们在一条真正的自知之明的道路上履行我们基督教的义务！而且得到我们处境所急需的爱。噢，尼德雷尔！我多么渴望这种爱，它能够使我们振奋，使精神升华，在下次宗教节日时能再次去吃圣餐，而不要因为我们的争执而使其他人恼怒。老朋友！在关心我们表明的虚假荣耀之前，让我们首先清洗一下我们的内心。在这条路上我们将重新得到爱与和解。亲爱的尼德雷尔先生！亲爱的尼德雷尔夫人！我已经接近死亡，让我在宁静与和平中走向坟墓。但在这之前我在这个世界上还有些事要做。请你们帮助我，让我在宁静中不受干扰地去做事，不要让我继续在不幸的权利之争的紧张状态下做这些事情。我答应你们，至死都用谢意和爱来回报你们给予我的帮助。

从这封信中，我们可以看出，裴斯泰洛齐当时的心情是极其痛苦的，他不愿意看到伊佛东学院倒闭，不愿意看到因学院内部教师的矛盾而使他多年苦心经营的实验毁于一旦。一位孤独无助的老人对自己曾经委以重任的人苦苦哀求，是一个多么凄凉、辛酸的场景。

野心勃勃的尼德雷尔面对昔日恩师苦口婆心的求和，没有表现出任何的同情和退让。他坚决不愿和解，并诉诸法庭。但法庭的判决是裴斯泰洛齐胜诉。可尼德雷尔仍然不肯善罢甘休，为了得到学院的控制权，他不择手段，想方设法排挤施密德，不断给裴斯泰洛齐施加压力，直到诡计得逞，施密德被当局驱逐出沃州为止。施密德离开了瑞士，去了巴黎，在那里创办学校，继续推广裴斯泰洛齐的教育思想。

1927年瑞士发行的裴斯泰洛齐纪念章

导致学院陷入危机的其他因素

施密德的离去暂时使伊佛东学院免于因内部的争斗而破产，不过还有一些其他因素加速了学院的危机以至使其最终倒闭。

政府官员的否定。1809年，正值伊佛东学院声名大噪之时，裴斯泰洛齐当选了瑞士“教育之友协会”的主席。在开幕典礼上，裴斯泰洛齐发表了长篇演讲，呼吁政府把他的教育方法向全国推广。同年，在给各州公使会议的建议信中，裴斯泰洛齐公开要求政府考察他的学校，其目的是让政府认识到他的教育方法的优越性，并把它规定为普通学校的教育法。

裴斯泰洛齐木刻像（1927年作）

代表官方的公使会议委托三位立场保守的调查员去伊佛东学院现场考察。经过五天的住校生活，调查员发表了一份对学院发展极为不利的调查报告。调查报告的结论是，没有任何理由在全国的普通学校里推广裴斯泰洛齐的教育方法，并对全国实行普遍的国民教育提出了质疑。裴斯泰洛齐最值得骄傲的直观教学、要素教育、教育心理学化等思想在国外大受欢迎，却被本国政府委派的官员无情否定。裴斯泰洛齐心有不甘，因此他准备逐条反驳调查报告的内容，试图证明自己的教育方法是正确的、值得推广的。但这份报告使全校师生受到了不公正的评价，动摇了伊佛东学院集体的自信心，致使其蒙受了不少损失。

意外及财政困境。1812年春天，裴斯泰洛齐遭遇了一场意外：他被一根毛衣针上的刺扎进了耳朵，引发了一场大病。由于当时医疗水平的限制，在没有麻醉的情况下，裴斯泰洛齐忍着剧痛，让医生在他耳朵后面的头骨上钻了一个洞，从而侥幸得救。

1812年5月7日，普鲁士的一名学生描述了裴斯泰洛齐的病情：

> 裴斯泰洛齐总是那么乐呵呵的。他才思敏捷、思想丰富，关心别人胜于关心自己，甚至在他忍受着伤口的巨大疼痛时，他还开玩笑，只是在疼痛已经减轻以后，不久前他才告诉我们他曾经忍受了多么巨大的痛苦。他说，即使有人只是轻轻地翻着书页，他的耳朵就有像被雷鸣、被狂风暴雨震撼的感觉，在他附近轻轻说话也会伤害他。

裴斯泰洛齐以伊佛东代表名义觐见沙皇亚历山大，请求废除农奴制及实施普遍国民教育

因为患病，1812年裴斯泰洛齐有四个月的时间都没有关心学校的事情。

1812—1813年教师之间的争斗对学校的招生也有不小的打击：伊佛东学校甚至没有招收到一个寄宿生，学校财政陷入困境。

战争影响及安娜离世。1813年，欧洲战事正紧。与拿破仑开战的俄、普、奥联军中的俄国军队进入伊佛东。按照计划，俄国军队本应被安排驻扎在伊佛东城堡。这对伊佛东学院是巨大的威胁，因为很有可能重蹈斯坦兹和布格多夫的覆辙。裴斯泰洛齐心急如焚，立刻以伊佛东城代表的身份前往瑞士北部的巴塞尔的联军总部，要求觐见沙皇亚历山大，请求沙皇下令停止对学校的危害。然而，当沙皇召见他

俄国的农奴。俄国野蛮、落后的农奴制直到1862年才废除

时，他却忘记了自己的请求，转而向沙皇恳求废除遭各国进步人士诟病的农奴制，以及实施普遍的国民教育。幸好伊佛东城的议员和俄国官员妥善处理了此事，俄军同意另寻营地，才使伊佛东学院免遭俄国军队的侵占。

在这些战事频发的年代，学生人数急剧下降，学院开支只出不进，几乎破产。再一次，裴斯泰洛齐的妻子安娜出面相救。她将从父母遗产中得到的财产慷慨捐出，来拯救学院。在其他方面，安娜也扮演了重要的角色。她有裴斯泰洛齐所缺乏的冷静、摆平各类冲突的能力。安娜在大宅里就像是一个平静的可提供休息和躲避风雨的岛屿。每个人都欣赏她作为“住宅之母”（housemother）的角色，为拥有她而感到幸运。1815年，安娜逝世，享年77岁。这对裴斯泰洛齐和伊佛东办学事业来说，是一个痛苦的难以弥补的损失。安娜不仅起协调者的作用，经常把她的爱人从金融灾难中拯救出来，还多次帮助他完成大胆的计划，尽管她更喜欢安静的家庭生活。现在裴斯泰洛齐只有完全靠自己了。这让他有点害怕；但他相信自己的使命。他向上帝祈祷，力图获得新的力量。

老年安娜·裴斯泰洛齐·舒尔特斯（1738—1815）

裴斯泰洛齐的创作及雄心

伊佛东时期，裴斯泰洛齐的创作似乎并没有受到这场无休止的内斗及外部环境的影响，成果相当丰富，发表了诸如《论人民教育和工业》（1806年）、《见解与经验》（1807年）、《论初等教育的理想》（1809年）、《致我的祖国和时代的无辜者恩斯特和爱德穆特》（1815年）、《1818年对我校师生的讲演》（1818年）、《致格瑞夫斯的信》（1819年）等重要作品。

1816年，有一位名叫思米德尔·封·瓦腾泽的音乐人，来到伊佛东学院应聘音乐教师。当他见到裴斯泰洛齐时，惊为天人，出于艺术家的敏感和细致，对裴斯泰洛齐曾有以下的描述：

我从未见过这样难看却又这样好看的人。艺术家不敢自然主义地描写他的难看，但表达它的美丽却超越了艺术家所能达到的境界。

1817年，裴斯泰洛齐和德国著名的出版商科塔（Cotta）签订了他的全集出版合同，出版商同意支付5万法郎的稿酬。他指望用这笔不菲的稿酬来重新整顿他的教育事业，实现他的教育理想。

1818年1月12日，在裴斯泰洛齐72岁生日那天，他隆重宣布要重新恢复1780年关闭的新庄孤儿院（贫儿教养院），并用稿酬成立专门的基金会，供重建新庄孤儿院所用。但这一计划遭到了协助全集出版的助手施密德的强烈反对，他认为裴斯泰洛齐的稿酬根本不够新办一所孤儿院，新庄计划遂暂时搁置。然而，裴斯泰洛齐资助穷苦儿童的初心不变。后来他仍在伊佛东附近开设了一所孤儿院，一年后并入伊佛东学院。

由于科塔出版社的资金并没有如期到账，裴斯泰洛齐至1821年才拿到1万法郎，此后再无进账。1824年他不得不宣布基金会破产，撤销了原先的计划。

在伊佛东的最后几年，由于裴斯泰洛齐本人缺乏足够的领导才能，又加上教师们之间经常争吵，有时这种争执非常尖锐，结果大大破坏了伊佛东的形象和声誉，办学难以为继。

1825年3月，伊佛东学院宣布关闭，历时20年的办学及教育实验画上句号。

裴斯泰洛齐画像

木刻裴斯泰洛齐像（1945年作）

伊佛东学院关闭的原因

伊佛东的办学及教育实验坚持了20年，是裴斯泰洛齐一生事业的辉煌时期。然而伊佛东学院表面的繁荣并未使它避免被关闭的命运。究其原因，上文已作了一些分析。下面再作进一步补充分析，已涉及部分从简。

（1）学生和教师的增多给学校工作带来困难。因为裴斯泰洛齐进行的是“起居室”教育，他可以凭自己的有限能力影响二三十个学生，将其组成一个充满挚爱与信任的大家庭，达到较好的教育效果；但与人数众多的师生都保持密切接触，影响及彼，却勉为其难了。

（2）办学层次多带来困扰。随着伊佛东学院办学规模扩大，学生人数增多和成人化，产生众多不同层次的学生，教师不能搬用裴斯泰洛齐擅长的初等教学法进行教学，难以胜任工作。

（3）违背裴斯泰洛齐为贫民子弟服务的办学初衷。伊佛东学院中的学生有相当大的部分是贵族与富裕资产者的子女。他们慕名而来，却一心准备升大学或去做官从政。这不符合裴斯泰洛齐的教育活动宗旨。他的教育活动目的是增进劳苦民众的利益，而不是为权贵子弟提供上升的阶梯。即使在伊佛东学院的名声鼎盛时期，裴斯泰洛齐内心也感到深深的痛苦，因为学校的现状并非完全符合他自青年时代一直坚持的理想。

（4）最严重的问题是学校管理不善，内部离心离德。到了后期，管理层之间、教师之间拉帮结派，互不团结，乃至彼此攻击、钩心斗角的现象愈演愈烈，日益影响到学校工作。对此裴斯泰洛齐感到茫然无措，极为沮丧。加之安娜的离世，更是失去了必不可少的协调者、缓和矛盾的润滑剂。

正是上述原因，尤其是后两者，导致了伊佛东学院的危机以至使其最终关闭。正如《红楼梦》书中所言：“月满则亏，水满则溢，世上断没有长盛不衰之理。”伊佛东办学亦未摆脱这一魔咒（或规律）。但探讨其中兴衰的缘由对后人无疑是有益的。

对伊佛东教育实验的评价

所取得的成果

裴斯泰洛齐与儿童在一起（青铜塑像）

裴斯泰洛齐的最后两次教育实验具有内在关联，均以教育教学心理学化为突出特征。为了使广大贫困民众的子女受到合理的教育，裴斯泰洛齐孜孜不倦，力图找到一种最简单的教育方法，指望这种方法教起来方便，学起来也容易，一般人都能掌握，每一个母亲都能在这种方法的指导下教育自己的孩子。这种愿望及探索无疑是可贵的。

在布格多夫和伊佛东实验中，裴斯泰洛齐提出了初等教育学理论，力求以直观教育为基础，适应儿童的心理年龄特征，循序渐进，由近到远、由易到难、由部分到整体、由具体到抽象，取得了极大的成功，初步构建了近代较为完整的初等教育体系。虽然后来许多教育家在教育心理学化方面都超越了裴斯泰洛齐，但他的思想却开启了时代的先声。

不足之处

裴斯泰洛齐对初等教育的发展做出了不可磨灭的贡献，但也有其局限之处。

（1）他认为一切教学都应从最基本的要素开始，但对各门学科的要素的阐述，似乎不够确切，这些简单的要素并不能代表各门学科的全部。

（2）实物教学可以说是他的贡献之一，但在高年级儿童的学习中，知识的系统性非常重要，他对此语焉不详，容易造成知识的零乱性、无系统性。

（3）他在运用循序渐进的原则时，主张由浅入深、由易到难，符合儿童认知规律，但有时显得机械。

（4）在认识论以及教学论上，他虽然接触到感觉经验还须上升到概念这一重要问题，但仍未达到感性认识与理性认识相统一的水准，也不了解二者的区别、联系及其基础。

（5）尽管裴斯泰洛齐教育心理学化的成就是巨大的，但就心理学本身及教育学科学化的进程而言，他只提出了问题，远未解决问题；裴斯泰洛齐所谓的心理学规律，仍未脱离那时人们所共知的感觉经验的窠臼。

1977年为纪念裴斯泰洛齐逝世150周年，瑞士发行的裴斯泰洛齐纪念币

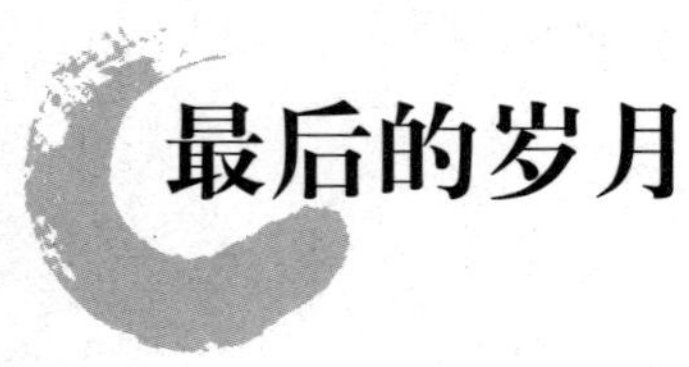

最后的岁月

晚年新庄生活

回到新庄

由于伊佛东学院的办学宗旨逐渐脱离了贫困子弟的需求，越来越多的富家子弟涌入学校，严重背离了裴斯泰洛齐早期的办学初衷；管理层的争权夺利则直接导致了学院濒于倒闭，裴斯泰洛齐的各种努力和尝试也无法改变伊佛东学院发展的颓势。加之其他因素的影响，伊佛东学院终于关闭。

1825年3月，在伊佛东学院正式关闭后，衰老憔悴、79岁高龄的裴斯泰洛齐收拾羞涩的行囊，带着他的孙子哥特列布和剩余的几名追随者离开伊佛东，回到了其平生事业的发迹地、堪称故乡的新庄。历史似乎又回到了原点。

回到新庄，感慨良多。不过让他欣慰的是，孙子哥特列布已长大成人，并承担起新庄管理职责。在他的管理下，新庄发展良好。

自1780年新庄贫儿教养院破产以后，裴斯泰洛齐从未放弃为贫困农民子弟办学、解救他们于水火的信念与理想，仍指望着有朝一日重拾青年时代就有的理想及办学初衷。只要有一点钱他就会考虑投入。但命运总跟他开玩笑，1824年基金会的破产又再次打消了他的念头。

老骥伏枥，志在千里；烈士暮年，壮心不已。回到新庄后，裴斯泰洛齐仍不甘心，

裴斯泰洛齐在新庄的故居（说明：经过改建，当时只有单层）

新庄的一栋建筑。裴斯泰洛齐1825年返回新庄后，曾打算将此处改建为孤儿院和扶贫机构

准备重整旗鼓，再度创办贫儿教养院。他与孙子共同开始实现这一目的，并亲力亲为。1826年冬天，已进入耄耋之年的裴斯泰洛齐还亲自为重建贫儿教养院搬石头，但终因年迈力衰，未能遂愿，一年后赍志而没。

在裴斯泰洛齐晚年，有一件令其欣慰的事情，这就是《裴斯泰洛齐全集》的出版。该全集从1819年至1826年陆续由科塔出版社编辑出版，共有42卷，包括258篇文章及6000多封书信，堪称鸿篇巨制。

人生绝唱——《天鹅之歌》

1826年，在新庄，裴斯泰洛齐写下了最后的两部著作《天鹅之歌》和《生活之命运》，反思和总结了他一生的教育工作、教育思想和经验。

《天鹅之歌》是裴斯泰洛齐晚年最重要的著作，堪称“绝笔之作”。他自己也把它称为“我生命的成熟果实”。

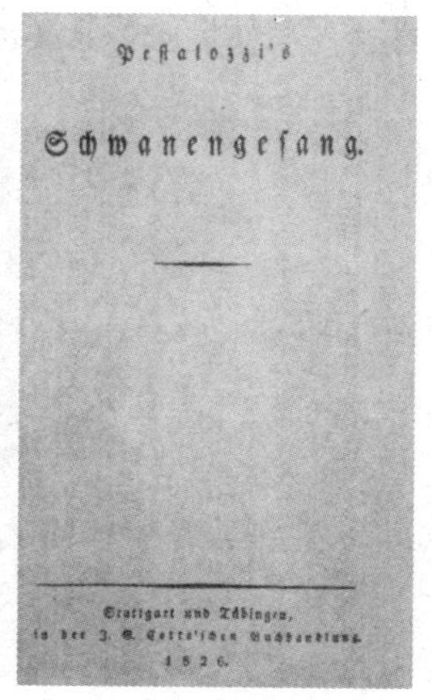

Pestalozzi's

Schwanengesang.

Stuttgart und Tübingen,

1826.

《天鹅之歌》1826年德文版封面

据欧洲民间传说，天鹅这种形体高贵的鸟儿在临死之前，也许是因为它知道自己时间不多了，会发出它这一生当中最凄美的哀鸣。故人们每每将临死前的绝笔称作“天鹅之歌”或“天鹅之鸣”。中国也有类似的说法：“人之将死，

其言也善；鸟之将死，其鸣也哀。”

裴斯泰洛齐在写《天鹅之歌》时，可能也怀有类似的心情。与早期和中期著作略有不同，《天鹅之歌》的重点不是探讨个别教育问题或方法论，而是更注重对教育基本问题的综合论述。裴斯泰洛齐尝试把自己的全部教育理想与实践经验加以理论化，因此该著作中有不少内容是重复前期一些著作的。

关于教育与人的发展问题

在《天鹅之歌》中，裴斯泰洛齐指出，“教育意味着完整的人的发展”，必须培养人的才能和能力与大自然的顺序相一致；而“要素方法”就是遵循大自然的秩序，以使人的头脑、心灵和手——简称“3H”，即head（头）、heart（心）、hand（手）——这些特有的能力得以有序展开和发展。他进一步指出，和大自然相一致就是不断地使人类的动物本性从属于更高级的人类所特有的要求（包括神性），即使肉体从属于心灵。仅仅使人性的某一方面获得特殊的发展是极不正常和错误的，就像吹奏钢管、敲击铙钹所发出的声音，是空泛的、不真实的，而教育必须名副其实，使人的完善能力得到圆满的发展。裴斯泰洛齐把人类才能的整体性看作人类种族的神圣而永恒的天赋，“上帝已把它结合，别让人再把它分开”。整体性是教育成功的基本条件。

裴斯泰洛齐著作书影

关于人的各种能力的发展

“要素方法”的主旨就是追求人的各种才能的均衡，因此它要求人的所有基本能力都充分发展。裴斯泰洛齐把人的各种能力的发展分为道德、智力、实践和职业能力这三个方面。根据“要素方法”的观点，人的道德和宗教生活从摇篮时期就开始了，它源于母亲对幼儿的爱；宁静是幼年生活的第一需要，没有宁静，母爱就不再是真理和幸福的

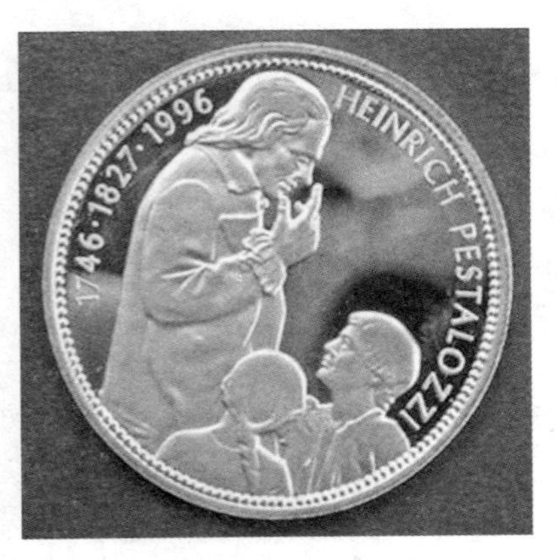

1996年为纪念裴斯泰洛齐诞辰250周年，瑞士发行的纪念币

源泉。因此，道德教育的自然发展过程就是儿童将其爱和忠诚的情感由母亲扩展至父亲、兄弟姐妹等更广的生活范围，乃至上帝。智力的发展源于儿童的感官经验，并且首先从语言能力的发展开始，幼儿语言能力的发展主要就是对母亲的模仿；其次是思考能力、调查研究能力和判断能力的自然发展，而这主要是通过数目和形状的简化练习来培养的。实践和职业能力的发展存在于智力训练当中，即在培养思考和判断能力的同时实践才能和技术技巧也获得了自然发展；感官和四肢的机械化练习是外部技巧训练所必需的，它们是实践才能的体力训练。因此，实践才能的展开依赖于两个基本不同的才能，即智力和体力。

关于和谐发展和生活教育

裴斯泰洛齐深信，蕴藏于人的本性当中的各种力量是均衡与和谐的，即人的道德、智力和体力（也就是心、头和手的能力）的自然发展表现出整体性、统一性和均衡性的显著特征。如果人的某一方面能力有优势，那肯定对其他方面的发展有所掣肘，不过优势能力也可能会弥补其他方面的劣势。但当一个人的心理平衡已经丧失的时候，尽管他好意地去弥补智力的不足，尽管他软弱和肤浅地去探索真理的知识，但他只能沉溺于梦一般的思索之中，并且几乎没有能力去认识真理和正义，没有能力去履行依靠这种认识才能履行的责任。“3H”平衡发展才是理想的境界。裴斯泰洛齐极力主张生活教育，他认为“生活是伟大的教育者”，结合了各种要素。要素教育方法的基本原则就是生活教育。这一原则适用于一切儿童，“无论是在贫民窟中滚爬的儿童，抑或是宫廷的后嗣”。

后期的新庄一览

《天鹅之歌》是裴斯泰洛齐晚年对其一生教育思想与实践的总结性著述，其重要价值毋庸置疑；但其中的内容与前期著作相比，并没有太多新意，而且该部作品在提供坚实、完整的理论体系方面也不太理想，内容有不少重复的地方。

后期的新庄（部分）

去世前的争拗

裴斯泰洛齐在新庄最后的日子里，还写过一本书，名曰《生活之命运》（附在《天鹅之歌》中出版），涉及伊佛东办学问题的讨论，主旨是与他人论争，为己辩护、说明。

在书中，裴斯泰洛齐把伊佛东的办学现实与他心中真实的想法进行了比较，最后得出结论：伊佛东出现的状况并非他的心之所愿。

裴斯泰洛齐首先做了自我批评，承认自己对伊佛东学院缺乏有效的管理，在继承人的问题上优柔寡断，弛缓不张；同时还把矛头指向了他的同事们，对他们在伊佛东学院的表现及成绩进行了评价。裴斯泰洛齐认为施密德的贡献要高于尼德雷尔，尤其是施密德对数学教育的实践探索，很好地贯彻了他的教育理念。

为了证明自己和尼德雷尔的和解诚意，裴斯泰洛齐在《生活之命运》的结尾处刊登了1823年的那封发自肺腑的求和信，并附言：“我至今仍然持有与当时写这封信时的同样的观点。”

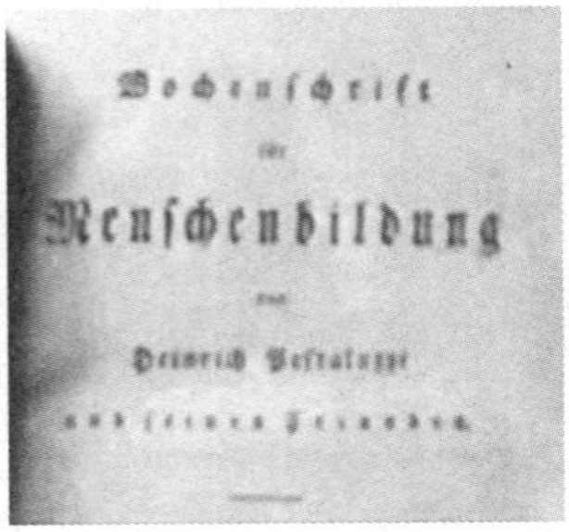

但是，信息传递后，尼德雷尔却丝毫不领情，而且比以前更不愿意和解。他指使一位与他共事25年的老同事爱德华·比伯（Eduard Biber）当枪手，撰文辱骂已是风烛残年的裴斯泰洛齐，甚至把他说成是伪君子、诽谤者和罪犯。

裴斯泰洛齐的著作

1827年1月12日，是裴斯泰洛齐81岁的生日，自我感觉尚好。当他还在为自己健康的身体而沾沾自喜时，比伯带有诬陷性的文字无情地伤害到了他，使他一病不起。固执的裴斯泰洛齐竭力想做出书面回击。他请求医生让他多活6个星期，以便澄清事实，击破谎言。他疯狂地在纸上胡乱写着，字迹模糊，难以辨认，甚至笔里没有墨水了他都没有发现。以下内容是裴斯泰洛齐的最后一段书面文字：

噢，我忍受着无法形容的痛苦！没有人能理解我内心的痛楚。人们鄙弃、辱骂年老体衰的人，并把他看成是一个无用的工具。我不是因为我自己而感到痛苦；人们鄙弃、蔑视我的思想，并把对我是神圣的、在我漫长的充满忧愁的一生中竭力获得的这一切放在脚底下践踏，这使我感到痛苦。死并没有什么，我乐意死去，因为我感到疲劳了，想最后得到安宁。如果活着，一切都消失了，什么也没有得到，只是一再忍耐，只是看到一切都毁灭了，将和自己的作品一起被埋入坟墓。噢，这太可怕了，我无法表达出来，我真想哭，可已没有眼泪。我的穷人们，我的沮丧的、受蔑视与被驱逐出家门的穷人们！穷苦的人们！人们会像离开我并驱逐我一样离开你们，把你们驱逐出去。富有的人不会想到你们；他至多能给你们一块面包，其他则什么也不会给。邀请你们参加精神会餐，使你们成为真正的人这个问题还将长期地排除在日程之外。不过，关心所有人的上帝不会忘记你们，会安慰你们，就像他没有忘记我并会安慰我一样。

老态毕现的裴斯泰洛齐

形容枯槁、衰老憔悴的裴斯泰洛齐

魂归故里

不公正的诽谤性语言让这位执着的有着世界级贡献的老教育家坐卧不安，他的身体每况愈下。在读了比伯的文章之后三个星期，1827年2月17日，裴斯泰洛齐在布鲁格（Brugg）与世长辞。他最后表达的遗愿如下：

> 我已生命垂危。我很愿意为我的著作以及为我的辩解再活上几个月。上帝的决定却不是这样，我接受他的意愿。因为我在坟墓里不能再讲话了，所以我要求这个临终者的所有敌人，让法庭调查和裁决他们的控告。我的死可能会使我的敌人的无限热情化为沉默，我最后的呼喊可能促使他们以宁静、尊严与体面去做正确的事情，如同男子汉所做的那样！我的长眠可能也使我的敌人得到安宁！无论如何我原谅他们。我祝福我的朋友们，并希望他们将用爱来思念我，并在我死后，用他们最大的力量促进我一生的思想付诸实现。

裴斯泰洛齐走了，带走了围绕他的爱恨情仇、勃豁诟谇。他的遗愿及遗言似乎得到了实现或灵验了。不仅攻击他的人顿时噤声，连曾经憎恨他的人，或与他有过节的人——其实大多原来是其弟子或同僚，因种种原因而反目成仇——也几乎都改正了，乃至成了其教育思想与实践的有力推动者。施密德在法国践行着裴斯泰洛齐的教育思想。曾受尼德雷尔唆使而诽谤裴斯泰洛齐的爱德华·比伯成了他的最伟大的崇拜者之一。在英国，比伯投入了毕生精力宣传裴斯泰洛齐的教育思想，并且将之付诸实践。对手或有过节者如此，遑论忠实弟子或再传弟子，更是不遗余力地践行其教育主张。人心叵测，世事难料。若是泉下有知的裴斯泰洛齐获悉后来发生之事，或许会欣慰，或许会唏嘘不已。

布鲁格，裴斯泰洛齐逝世地点（1926年摄）

裴斯泰洛齐去世后，有画家为他绘制了临终遗容。早在1809年，就有一位雕塑家为长久保留裴斯泰洛齐真实容貌，获其应允，为他特制了石膏面部塑像——或称死亡面具，因大多数此类面具是在人死后制作之故。这个面部塑像栩栩如生地反映了裴斯泰洛齐的容貌特征乃至精神特征。其一生业绩，万般辛苦，都深深地刻在他的脸上。

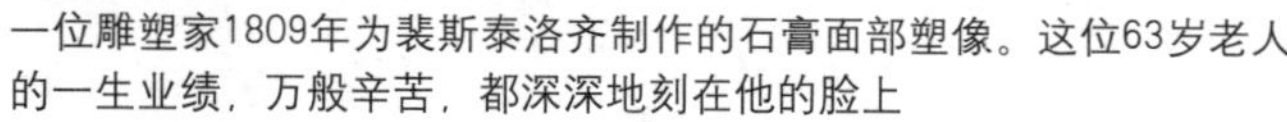
一位雕塑家1809年为裴斯泰洛齐制作的石膏面部塑像。这位63岁老人的一生业绩，万般辛苦，都深深地刻在他的脸上

裴斯泰洛齐临终时的遗容

裴斯泰洛齐去世两天后，按照他的生前愿望，遗体安葬在比尔的一所小学的围墙旁边，以便与他挚爱的孩子们朝夕相伴。此地离新庄也很近。在他下葬的那一天，尽管天气严寒，大雪纷飞，许多邻村的成人、教师和学生都自动前来，跟着灵柩行走，为敬爱的老人送上最后一程。孩子们还在墓前用稚嫩清脆的歌声表达对亡灵的感谢。根据逝者的愿望，在坟墓上种了一棵白色的玫瑰。

1827年，裴斯泰洛齐在比尔学校附近的坟墓

1846年，正值裴斯泰洛齐诞辰100周年，瑞士阿尔高州政府重新安置裴斯泰洛齐墓并新建墓碑（纪念碑）

1846年，在裴斯泰洛齐诞辰100周年之际，阿尔高州政府为了纪念这位伟大的教育家，重新安置裴斯泰洛齐墓，并在墓地修建了一块至今犹在的纪念碑。碑上以金色的字母雕刻着裴斯泰洛齐一生主要的经历：

亨利希·裴斯泰洛齐：
1746年1月12日，出生于瑞士；
1827年2月17日，逝世于布鲁格；
在新庄是穷人的救星；
在《林哈德和葛笃德》中是人民的传教士；
在斯坦兹是孤儿的慈父；
在布格多夫和明兴布赫塞是新型初等教育的创建者；
在伊佛东是人类的教育家。
他是一个独特的人，是一名基督徒和公民；
毫不利己，专门利人！
安息吧！

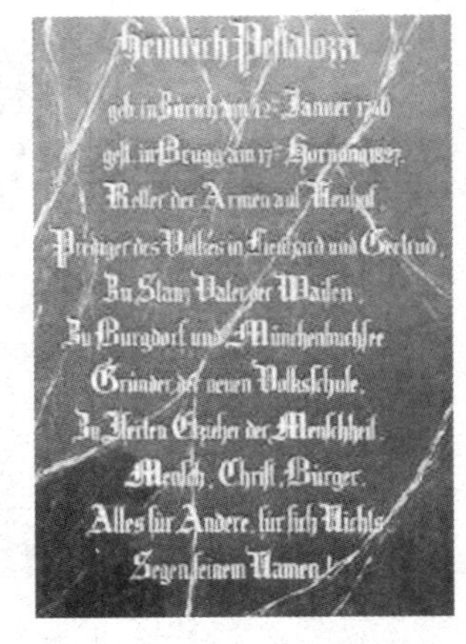

裴斯泰洛齐墓碑碑文

1906年，在裴斯泰洛齐诞辰160周年之际，阿尔高州政府又对1846年修建的裴斯泰洛齐墓碑（纪念碑）进行改建，其中重要特色是增加反映裴斯泰洛齐生平教育活动的绘画。此墓碑完好保留至今，为后人提供了凭吊的合适场所。

1906年改建并保留至今的裴斯泰洛齐的墓碑（纪念碑），其中重要特色是在墓碑上部增加反映裴斯泰洛齐生平教育活动的绘画（Werner Bücuhli绘）

裴斯泰洛齐墓碑（纪念碑）上的绘画

千秋功绩后人评说

在人类教育历史的长河中，裴斯泰洛齐是一位罕见的能在教育理论和教育实践两方面都卓有建树的世界级教育家。裴斯泰洛齐一生在新庄、斯坦兹、布格多夫、伊佛东先后四次开展初等教育实验，并且在教劳结合、教育心理学化、要素教育、爱的教育、和谐教育等理论方面都具有开创性的贡献，其教育实践和教育理论被瑞士、德国等欧洲国家和美洲、亚洲的许多国家所学习或借鉴。

历史地位

裴斯泰洛齐一生致力于贫苦大众的教育改革事业，并且取得了重大成就，为世界教育和教育学科的独立发展做出了许多实质性的贡献，从而奠定了他在人类教育发展史上的重要地位。有关贡献前面已结合有关经历做过讨论，此处拟作一综合性的归纳、评述。

第一次明确提出“教育心理学化”的口号

1879年，德国人威廉·冯特（Wilhelm Wundt）在莱比锡大学创立了世界上第一个心理学实验室，标志着心理学开始摆脱思辨哲学，正式成为一门独立的学科。而这已是裴斯泰洛齐去世半个多世纪后发生的事情了。追根溯源，在心理学的发展史上应有裴斯泰洛齐的一席之地。

威廉·冯特（1832—1920）

教育心理学化的构想源于自然主义教育思想。其最早的理论渊源可以追溯至古希腊的亚里士多德，直到近代的夸美纽斯、卢梭等人都有相关论述；但是第一次明确提出“教育心理学化”口号的却是裴斯泰洛齐。1800年，裴斯泰洛齐在一次报告中提出了这一思想。这份报告收录在1818年版《葛笃德如何教育她的子女》的附录之中，名曰《方法》。

裴斯泰洛齐在《方法》一文的开篇即指出：“我正试图将人类的教学过程心理学化；试图把教学与我的心智的本性、我的周围环境以及我与别人的交往都协调起来。”在总结前人经验的基础上，裴斯泰洛齐把儿童心理的因素真正考虑到他的教育实验过程之中，尤其是从第二次教育实验开始，他深入研究儿童的心理发展规律，尊重儿童的天性，进行因材施教，从而开创了教育与心理的联姻。同时，裴斯泰洛齐也开启了19世纪欧洲教育心理学化运动，为教育学、心理学、教育心理学等学科的独立与发展做出了重要贡献。

裴斯泰洛齐毕生都在探索教学的基本规律，使之符合儿童的身心发展水平。他说：“我在寻觅人类智力发展就其真正本性而言所必须服从的那些规律。我认为它们一定跟物质自然的规律一样，并且相信从中能找到一条普通的心理学化的教学方法的可靠线索。”他以一棵大树的发展为例：一颗种子埋在地里，然后发芽，长出树干、叶子，又长出细枝，到细枝挂满叶子，这是一个循序渐进、逐步发展的过程。教育促进人的发展，要与一棵大树的成长一样循序渐进。作为一个教育者，必须了解儿童的需要和年龄特点，然后再施教。

冯特的心理学实验室

裴斯泰洛齐对教育心理学化的基本见解和要求，几乎贯彻在他的所有教育论著和教育实验活动之中，其具体含义大致有以下几层。

（1）教育目的心理学化。裴斯泰洛齐认为，教育教学应使人固有的、内在的能力（即心、脑和手的能力）得到充分培养和发展。这三种基本能力的发展必须遵循儿童的自然本性。裴斯泰洛齐把教育目的置于儿童本性发展的自然法则的基础之上，即教育目的的心理学化，“通过和谐地培养人的能力、才华和提高生活的果断力来发展人性”。人的发展是有阶段性的，因而教育与教学也必须遵循人类发展的自然顺序，每个阶段都起着承上启下的作用，都以教育目的的心理学化为指南，最终达到人各种能力的全面和谐发展。

（2）教学内容的选择和编排心理学化。裴斯泰洛齐主张初等教育各科教学内容的选择与编排要充分考虑儿童的身心发展规律，使他们在道德、知识、身体和劳动技能诸方面都得到发展。他还力图从客观现象和人的心理过程探索教育和教学内容中存在的基本要素，认为如果各科课程和教学内容都能围绕这些基本要素来组织，则必定能提高教育教学的效果。

（3）教学原则与方法心理学化。裴斯泰洛齐认为：“对大自然的感觉印象是人类教学的唯一真实的基础，因为它是人类知识的唯一真实的基础。”他深刻分析了人的认识过程，认为人的认识是从模糊的感觉印象到精确的感觉印象，再到清晰的表象，从而达到确定无误的概念。由此看出，裴斯泰洛齐继承了夸美纽斯等人的直观性教学的原则，强调必须把从直观得到的感觉印象上升为清晰的概念，并且认为直观教学是感官训练的重要手段。裴斯泰洛齐还强调循序渐进的教学原则，指出：“在一切学科中尽力循序渐进地安排知识结构，其中，每一新思想将只是在印象深刻难以忘怀的早期知识的基础上增加几乎难以觉察的点滴的新知识。”

(4) 要让儿童成为他自己的教育者。裴斯泰洛齐对封建专制主义和经院主义的教育深恶痛绝，指出其弊端是：不仅教学方法粗鲁、强制，而且违背儿童本性，把儿童看作被动的学习者，教育者把空洞、无用的知识塞满儿童的头脑。相反，他主张教育要基于人类本性的永恒规律，强调在教育教学过程中儿童学习的主动性和能动性。教育者要适应儿童的心理机制，尽力调动儿童的自我能动性和积极性，培养他们的独立思考能力，让他们懂得自己就是教育自

传统的囤积式教育示意图

己的主人。这也是裴斯泰洛齐教育心理学化的重要内容之一。

裴斯泰洛齐教育心理学化的思想在世界教育史上具有开拓性贡献。在他之前没有人明确提出过这一思想；在他之后，德国教育家赫尔巴特继续进行着教育心理学化的探索与实验，从而建立了近代科学教育学。但由于时代的限制，裴斯泰洛齐对人的心理的理解还不够真正科学，甚至存在唯心论的倾向，因为他是一名虔诚的基督徒，常常把大自然的普遍法则和规律当作上帝的恩赐。

第一次提出要素教育理论和简化教学的思想

裴斯泰洛齐一生致力于瑞士初等教育的改革事业，他尤其注重教学方法的改进，使之符合“教育心理学化的原则和儿童心智发展的规律”，并且取得了重大成就，在世界教育发展史上第一次明确提出了要素教育理论，对世界各国教育产生了深远的影响，因此被许多西方学者誉为“19世纪初等教育之父”。

1927年瑞士发行的裴斯泰洛齐逝世100周年纪念邮票

1946年为纪念裴斯泰洛齐诞辰200周年，瑞士发行的纪念邮票

裴斯泰洛齐的要素教育理论是建立在他的教育心理学化思想基础之上的。教育心理学化要求教育者根据儿童心智发展的规律和大自然的发展来开展教育教学工作，教育教学内容的安排必须由浅入深、由易到难、从简单到复杂，并且要从各门学科的基本要素开始教学，由此再扩展到复杂、综合的知识。裴斯泰洛齐明确指出，要素教育的目的是

在承认知识的增长是循序渐进的过程的基础之上追求人类一般的文化。为了使初等教育开展得更有效率，裴斯泰洛齐一生的追求之一就是寻找最简化的教学方法，以便每一个家庭的母亲都可以用它来教育孩子。因此，他所指的要素教育就是从最简单、最基本、最本质的元素开始学习，循序渐进，把复杂的事物简单化，即达到简化教学的效果；要素方法就是最简单、最原始、最根本的方法。裴斯泰洛齐把这种简化教学的思想贯穿于初等教育各个学科的实验当中，进而实现他的“追求人类一般的文化”理想。

瑞士银行发行的印有裴斯泰洛齐头像的钞票

第一次将教育与生产劳动相结合的思想付诸实践

在西方教育史上，裴斯泰洛齐并不是第一个提出将教育与生产劳动相结合的思想的人，但他却是第一个将此思想付诸实践的人。早在新庄的第一次教育实验中，裴斯泰洛齐就试图将拯救贫困儿童的教育事业与农村的手工业、农业生产劳动相结合，以此来解决他们的温饱问题。所以，裴斯泰洛齐在谈到教育与生产劳动相结合的目的时指出，这样做是为了给儿童以谋生的手段。他自认为这是抓住了人生的真正需要，找到了幸福与保证生活的根源。裴斯泰洛齐还认为，儿童参加劳动是发展儿童体力、智力和道德能力的手段。劳动能教会人蔑视那些跟事实相脱节的语言，帮助人形成严谨、诚实等品质，有助于形成儿童跟成人之间和儿童跟儿童之间的合理的关系。

教育和手工业、农业生产劳动相结合，这是裴斯泰洛齐教育理论与教育实践的基本原理之一。

在新庄破产之后，裴斯泰洛齐进入了重要的文学创作期，他在其教育代表作《林哈德与葛笃德》一书中，借助葛笃德的形象描述了教育与生产劳动相结合的情形：葛笃德一边教孩子们纺织，一边教他们读书、做算术、诵诗。裴斯泰洛齐还描写了为贫民子弟所开办的一所学校的情形：儿童在学校里除从事纺织外，还从事农业劳动。每个儿童有三个苗床，最善于利用苗床的儿童就受到奖赏；儿童还要学习畜牧及饲养家禽方面的知识，学习对亚麻和羊毛进行加工，熟悉乡村里最好的农场和手工业作坊；有时还到钟表厂里看工匠们做工。学校里的校长兼教师格吕菲在工作和休息时，教儿童识字、计算及生活所必需的其他知识。

在斯坦兹孤儿院时，裴斯泰洛齐同样开展和实施了教劳结合，但这时他不仅仅考虑通过劳动获得的经济效益，而且考虑儿童职业训练的必要性及其与儿童心智发展和心灵训练的关系。从注重劳动的生产性向注重劳动的教育性的转变是裴斯泰洛齐教劳结合思想的重要内容，他认为儿童的劳动教育应该是在劳动过程中培养他们的道德品性，使他们在获取职业技能的同时掌握相应的知识和发展智力。这些观点颇具现代意识。

裴斯泰洛齐还将教劳结合的思想与教育心理学化相联系，主张生产劳动教育要考虑儿童的心理发展秩序，开展适合他们训练的劳作项目，锻炼他们的体质，培养他们的职业技能。建立在心理学基础上、让学校教育与工场劳动相融合的教劳结合思想，是裴斯泰洛齐在斯坦兹孤儿院开展教育实验的重要内容，甚至他还大胆预测这是未来教育发展的趋势。

秉承裴斯泰洛齐思想开办的新庄裴斯泰洛齐教养院的木工车间（2012）

新庄裴斯泰洛齐教养院的木工车间生产的产品（2012）

裴斯泰洛齐提出并实践的教劳结合的思想在西方教育史上具有重要意义，尤其对后世职业教育的发展不无借鉴意义，有些甚至具有现代意识。但裴斯泰洛齐的有关理论与实践也有一定的局限性，例如他所提出的教学与劳动结合总体来看，仅是在外部形式上的简单结合，缺乏内在的实质联系；其开展的相关实验内容多为日常生活中的家务、手工劳动等，带有明显的小生产性质。

第一次提出并实践了“爱的教育”理论

作为一位热爱儿童、尊重儿童，终生不渝地献身教育事业，立志救民于水火的杰出的人道主义者，裴斯泰洛齐堪称西方教育史上宣传爱，同时身体力行地实施爱最具代表性的教育家。无论是在新庄、斯坦兹，还是在布格多夫、伊弗东，他战胜重重困难，靠的是赤诚的爱。当他在条件极端恶劣的孤儿院工作时，有时几乎是单枪匹马，赤手空拳地面对重重困难，经常为了孩子，像乞丐一样去请求他人帮助。但他身怀崇高的信念，历经风霜雨雪、寒暑春秋，始终痴心不改。可以看出，裴斯泰洛齐对儿童的爱是无微不至、发自肺腑的，因此人们亲切地称他为儿童的“慈父”。

裴斯泰洛齐声称“教育的主要原则是爱”。“爱的教育”或称“教育爱”的原则贯彻他的教育实践的始终。他所倡导并身体力行的“爱的教育”源于童年时期母性的慈爱的熏陶、宗教信仰以及启蒙思想家的影响等，其含义大致有两层：其一是指对教育对象的真诚的、全身心的、无保留的关心与热爱。应指出的是，裴斯泰洛齐面对的并不是健全的儿童，而多为有缺陷的儿童。但裴斯泰洛齐对这些身心俱废的儿童并不歧视或嫌恶，而是满怀爱心。他用行动证明了一个颠扑不破的真理：教育工作者对教育对象的真诚的、无私的爱的奉献，是取得教育成效的必要前提条件。

反映裴斯泰洛齐爱的教育思想的《母爱教育》中译本封面

裴斯泰洛齐教育爱的另一含义是“提升学童价值”，即促使受教育对象不仅改掉各种不良习气，学会自尊自爱，而且乐于助人，乃至造福人类，将爱的情感转移到他人身上，释放出爱。裴斯泰洛齐的教育观念，正是为上述“教育爱”的真谛作了最典型的诠释。

“爱的教育”是裴斯泰洛齐在高度尊重人性的基础上提出来的，是一种源自“自然”的教育。他从人性本善的角度认为人类身上有一种仁慈的气质，正因为这种气质才使人高贵起来，并上升到爱的水平。

裴斯泰洛齐爱的教育的创新之处表现在：

首先是创立了爱的教育四部曲。爱不是空洞的说教，而是情感的交融，通过言传身教熏陶及实践培养。由起初的爱母亲（或爱双亲）继而发展到爱兄弟姐妹，再发展到爱周围邻近之人，最终达到爱上帝（或爱全人类）。

版画：裴斯泰洛齐与儿童

其次是倡导学校教育家庭化。由于在爱的教育过程中，父母（尤其是母亲）的作用至关重要，因此裴斯泰洛齐强调，最初的爱的教育须由父母承担。在他看来，母亲是异常伟大的教师，她最了解儿童、热爱儿童，母亲的作为最能表现教育的意义及成效。

费希特声称裴斯泰洛齐所倡导的以爱为代表的新教育“很可能有能力帮助各民族和全人类走出现在所处的苦难深渊”。

如今，裴斯泰洛齐的有关思想仍为人们津津乐道。美国学者古特克指出：“裴斯泰洛齐展现了基本的人道主义，作为一个热爱人类的人，他让爱成为教育理论和实践的中心。”

倡导和谐教育并赋予新意

裴斯泰洛齐以德国哲学家莱布尼兹的“前定和谐”（pre-established harmony）为哲学依据，以卢梭的自然主义教育为教育总则，以他首创的要素主义教育为载体（内容、方法），奠定了和谐教育思想的基本框架。

教育意味着完整的人的发展，确切地说就是教育要“遵循大自然的秩序，使人的头脑、心灵和手这些特有的能力”得到和谐、全面的发展。

他把智、德、体的全面和谐发展归结为“3H”，即“头脑”（Head）、“心灵”（Heart）、“手”（Hand）的能力的全面和谐发展。这里“头脑”的、“心灵”的、“手”的能力分别代表着“智力”的、“道德”的、“身体”的能力。

裴斯泰洛齐抨击以德国为代表的欧洲传统教育只顾学业成绩，忽视个体发展。他指出："教育的终极目标不是圆满地完成学业，而是适应生活；不是养成盲目服从和规定的勤奋习惯，而是培养自主的行为。"

裴斯泰洛齐倡导和谐教育，主张要把人的"头""心"和"手"的能力充分、均衡地发展起来。他深知爱和信仰在均衡各种能力方面的作用，如果没有爱和信仰势必给人类的发展带来阻碍。他说："虔诚、信仰和爱，与其弱点和错误一起，促进了平衡的调节。没有信仰和爱的智慧、实践或职业能力，乃是动乱的无尽的源泉，这种动乱致命地影响着人类才能的自然发展。"因此，"爱的教育"是人的和谐发展的重要保障。裴斯泰洛齐的有关论述大大丰富了历史上的和谐教育思想。

重视农村教育开创先河

在裴斯泰洛齐的著作及其一生的活动轨迹中，包括在他的代表作《林哈德和葛笃德》中，所包含的农村教育思想历来引起人们极大关注。

裴斯泰洛齐极力主张将目光及教育重点投向农村、投向弱势群体，主张农村教育应为发展农村经济服务。

在人类历史上，自从城乡分离，文化、知识、教育就成为贫苦农民及其子弟的禁脔。西方教育史上的教育家，将目光投向农村和农民者寥寥无几。裴斯泰洛齐首开风气之先，怀着对贫苦农民及其子弟的深切同情，深入农村，与农民共尝艰辛，立志为农民教育献身。裴斯泰洛齐的教育活动起点在农村，其重心亦在农村。

瑞士为纪念裴斯泰洛齐逝世100周年制作的铜牌（1927）

裴斯泰洛齐的教育对象主要是生活在农村的贫苦儿童。为适应这一广大弱势群体的需要，裴斯泰洛齐提出一系列构想，包括生活教育、劳动教育、教劳结合等。这些成为其教育理论中最重要的部分之一，这一功绩为后人指明了方向，开创了先河。

裴斯泰洛齐是人类教育史上最伟大的教育家之一，他在教育实验的基础上提出的教育理论具有极为重要的地位。在国民教育远远落后于时代发展的瑞士，裴斯泰洛齐的实验大大促进了初等教育的发展。他第一个提出了初等教育的概念，提出了与旧的初等教育完全不同的教育目的、内容和意义；首次提出了教育心理学化并付诸实践；提出了要素教育、感觉教育，奠定了现代教育理论和小学各科教学法的基础；他探索出的简化教学方法，有利于教育的推广与普及；等等。因此，说裴斯泰洛齐是近代“国民教育之父”，一点儿也不夸张。

世界影响

裴斯泰洛齐是一位世界性的民主主义和人道主义教育家，他的教育改革实验几乎引起了全世界的注意，各国纷纷派学者来此学习，回国后把他的办学精神和方法加以推广。在他去世后，世界许多国家和地区都兴起了裴斯泰洛齐运动。法国教育家佩雷（Jules Gabriel Compayre）在《裴斯泰洛齐与初等教育》一书中高度评价了裴斯泰洛齐：“整个欧洲无论南北，没有一个地方不受裴斯泰洛齐的影响。”然而，跟随他的不仅有赞美、褒誉，还有不解乃至诋毁。

裴斯泰洛齐对瑞士的影响

裴斯泰洛齐是瑞士历史上至今为止唯一一位具有世界级影响的教育家，但这样一位国宝级人物的教育理论和实践在瑞士的传播一度并不顺利。可以说，公众对裴斯泰洛齐的赞赏和诽谤是同时存在的。过去在瑞士宣传和推行裴斯泰洛齐教育思想的主要是他的一些学生、助手、信徒以及追求者等，而反对者则多跟与裴斯泰洛齐的政治观及宗教教派立场相左有关。

18世纪末19世纪初，瑞士爆发了资产阶级革命，新建立的海尔维蒂政府遭到了瑞士保守势力的强烈抵抗，而裴斯泰洛齐却是这一新政府的积极支持者，其富有民主色彩的教育思想也符合新兴资产阶级的利益，因此，质疑裴斯泰洛齐的声音主要就是来自海尔维蒂政府的反对者。1808年，曾有人以匿名诗的方式公开诽谤裴斯泰洛齐，诗的内容如下：

此君大错实在令人吃惊！
常同收税者、罪人在一起，

和他们推心置腹促膝谈心，
教肮脏小乞丐甲乙丙丁，
却理直气壮不知羞愧。
他违反常理教百姓学会多思，
他倒行逆施抗拒天理常规，
这本是有文化的达官显贵的事。
这个愚人的智慧却有人赏识，
丹麦人和普鲁士人来参观学习，
德国人和瑞典人相继来取经，
波兰人不甘落后也来学智慧。

正值欧洲其他国家的有识之士对裴斯泰洛齐持积极态度时，仍然有不少瑞士人不以为然，甚至怀疑、刁难裴斯泰洛齐所创立的各科教学法。

在1809年的瑞士“教育之友协会”开幕典礼上，裴斯泰洛齐发表了初等教育改革的重要言论，引发关注。然而仅一年以后，伯尔尼政府就对裴斯泰洛齐教育实验的成果置之不理，甚至对裴斯泰洛齐能得到如此巨大的国际声誉而表示惊讶；而且负责调查伊佛东学院的政府任命的委员会也全面否定了裴斯泰洛齐的教育改革成果，视如敝屣，不建议将其写入法律，推行全国。裴斯泰洛齐殷切地希望政府能采用他的教学方法来改造瑞士的旧教育制度，提升全国的教育水平；但可悲的是他发现政府并不信任他，他的一腔热情不过是热脸贴冷屁股。可叹的是，墙内开花墙外香，他的教育方法只有经过柏林和彼得堡的核准后，才能在瑞士偏远的乡村学校实施。

即使裴斯泰洛齐的家乡苏黎世也对他的教育实验一度持怀疑态度。1802年苏黎世建立了两所以裴斯泰洛齐的方法为指导的学校，但效果并不理想，不大受人们待见。1796—1808年还开办了教师培训班，但也没有使裴式教育方法得到当地普遍的认可。直到裴斯泰洛齐逝世后，苏黎世政府才开始真正重视他的思想，许多专家根据裴斯泰洛齐的思想提出了若干改革方案。

1831年，裴斯泰洛齐的挚友汉斯·格·涅格利向苏黎世政府提交了改革方案，要求政府重视“由它的世界闻名的公民裴斯泰洛齐为国民教育和国民幸福所阐明的”但被这个国家“所鄙弃的”东西。1832年，政府颁布了一项新的教育法，而这个法案的起草者是曾在伊佛东学院工作过的卡斯帕尔·冯·奥雷利教授。他以裴斯泰洛齐教学方法为蓝本，主张引导学生“不断地去掌握完整无缺的知识及技能”，并“从一开始就重视渐进地培养感觉、理解和情感”。此后，裴斯泰洛齐的教育主张才在苏黎世乃至瑞士普遍推广开来。

在瑞士，除裴斯泰洛齐之外还有一位著名的本土教育家，名叫费伦贝格。本书前面曾提及此人。他与裴斯泰洛齐为联合办学问题有过一些不愉快的经历。然而他作为裴斯泰洛齐教育思想传播的重要推动者、实践者的贡献不应否认。

费伦贝格出身贵族家庭，从小受过良好的教育，成年后立志要通过教育来实现祖国的复兴。他将教育看作救民于水火的工具，认为农业乃是民之根本，因此，主张大力开展农业教育，认为衣食无忧之后才能进行更高一级的教育。费伦贝格接触《林哈德和葛笃德》一书后，十分赞赏，遂以此书为蓝本，在霍夫威尔（Hofwyl）创办了一所实科教育和职业教育学校（或称“霍夫威尔学院”）；教学中广泛运用裴斯泰洛齐的直观教学法和实际技能训练的原理，并实践教劳结合。在长达38年的时间里，费伦贝格一直从事农业教育改革实验，并取得超越裴斯泰洛齐的显著成效，从而为欧洲农业教育的普及与发展提供了一种新的模式，霍夫威尔学院也因此被誉为欧洲“第一所农业和技术学院，它包含着我们全部农业教育思想的萌芽”。费伦贝格在推广和实践裴斯泰洛齐教育思想的过程中进一步发展了他教劳结合的思想，并且在农业教育改革中取得了突破性进展，培养了大批掌握农业新技术的人才。霍夫威尔学院的成功也引来了许多外地的访问者和学习者。

裴斯泰洛齐的教育学说推动和促进了瑞士教育事业的发展，其影响力拓展至各个教育领域。海因里希·莫尔夫在这一方面做出了卓越贡献。他在1861—1893年间担任温特图尔孤儿院院长，实践了裴斯泰洛齐的教育思想，后来其本人亦以裴斯泰洛齐教育思想的重要研究者及传人闻名。

当今瑞士的教育制度，带有裴式教育学说遗产的色彩，尤其在瑞士的幼儿教育、初等教育、师范教育、职业教育、特殊教育等诸多领域，都渗透着裴斯泰洛齐精神。例如圣米夏埃尔“自由天主教师范学校”、巴塞尔“特殊儿童教养院”、新庄“裴斯泰洛齐教养院”以及位于特洛根的“裴斯泰洛齐儿童之乡”等，都在有意识地贯彻或培养裴斯泰洛齐爱生如子、乐于奉献、忠于信仰、矢志不渝的精神，有的还实施教劳结合，均取得明显的教育成效。

费伦贝格受裴斯泰洛齐影响创办的农业与机械学校（霍夫威尔学院）全景

裴斯泰洛齐对欧洲的影响

相比于瑞士本土，裴斯泰洛齐对欧洲其他国家的影响更为深远，受到了德国、法国、奥地利、英国等国家的广泛欢迎和支持。

德国。在德国，除了赫尔巴特和福禄培尔两位杰出的教育家之外，还有很多仁人志士深受裴斯泰洛齐的影响，并将他的思想引进普鲁士、图林根、法兰克福等地。普鲁士国王和一些政治家信奉裴斯泰洛齐的教育学说，他们派遣了大批见习生到布格多夫和伊佛东去学习裴斯泰洛齐的教学法。1805年，首批归国的见习生普拉曼在柏林按照裴斯泰洛齐的方案创办了一所学校，德意志帝国的首任宰相奥托·冯·俾斯麦（Otto Eduard Leopold von Bismarck）就毕业于该校。普鲁士的一些军事改革家也关注裴斯泰洛齐的教育学说，他们把裴斯泰洛齐的教育方法运用到工业学校和军事学校当中，希望以此来增强经济力量和巩固政治制度。

魏玛是图林根的首府，一直是歌德、席勒等人的精神活动中心，而他们与裴斯泰洛齐都有过直接或间接的联系。还有图林根的耶拿大学，是当时的学术中心之一，黑格尔、谢林、费希特等都曾在此处执教，从而对裴斯泰洛齐教育学说的宣传与推广起到了重要作用。法兰克福也是裴斯泰洛齐教育学说发展的重镇之一，著名的法兰克福模范学校就是依照裴斯泰洛齐的原理创办起来的；而且在伊佛东学院上学的法兰克福学生的比例甚高，1811年就有11名。裴斯泰洛齐100周年诞辰时，德国教育家阿道夫·第斯多惠（Friedrich Adolf Wilhelm Diesterweg）在柏林召开的纪念会上，把德国国民教育的普及归功于裴斯泰洛齐及其传播者。第斯多惠本人也是裴斯泰洛齐教学法的受益人之一，曾被称为“德国的裴斯泰洛齐”。可以毫不夸张地说，裴斯泰洛齐运动规模最大、影响最深的地区当数德国。

“铁血宰相”俾斯麦（1815—1898）

第斯多惠（1790—1866）

还应指出的是，裴斯泰洛齐的教育思想不仅对德国有重大影响，后者受到影响后，发展形成的较为系统的理论又反过来影响瑞士的教育，尤其体现在洪堡、凯兴斯泰纳等人身上。

瑞士在19世纪深受普鲁士教育家威廉·冯·洪堡（Wilhelm von Humboldt）的新教育哲学的影响，即尊重人的尊严、对个人的全面教育、发展公校以提高公共教育水平、改善教育方法等观念。

从19世纪向20世纪过渡的重要时期，德国教育家凯兴斯泰纳（Georg Kerschensteiner）提出消除全面教育和职业教育之间的对立。他反对只注重书本的教育，而赞成加强劳动实践的教育。凯兴斯泰纳的将全面教育与职业培训相结合的基本思想适应了工业化社会发展的需要，在瑞士传播，至今尚具有现实性和深远意义。究其由来，真可谓你中有

威廉·冯·洪堡（1767—1835）

凯兴斯泰纳（1854—1932）

我，我中有你。

法国。法国与瑞士毗邻，在拿破仑的“帮助”下，瑞士爆发了资产阶级革命，建立的新政府深受裴斯泰洛齐支持，同时裴斯泰洛齐也受到法国当局的欢迎，被授予“法兰西共和国公民”称号。因此，裴斯泰洛齐的教育学说在法国也有广泛的影响力。

自1800年以后，裴斯泰洛齐曾多次前往巴黎，结交了多国驻巴黎使节，如施塔普费尔、拉哈尔佩、亨利·格列戈里等，他们为裴斯泰洛齐思想的传播提供了重要渠道。裴斯泰洛齐在布格多夫的同事及弟子约瑟夫·施密德和内夫都曾在法国开办学校，直接为法国提供了裴斯泰洛齐的教育实践经验。

研究裴斯泰洛齐生平及著作的重要著作

为宣传裴斯泰洛齐教育学说做出最大贡献的法国人当属拿破仑帝国的教育大臣马尔克-安托伊内·朱利安（Marc-Antione Jullien）。他在法国公开宣传裴斯泰洛齐的思想，并且挑选了24名法国青年到伊佛东跟随裴斯泰洛齐学习了一年。1810年，朱利安拜访了裴斯泰洛齐的学校，感触颇深，并于1812年发表了《裴斯泰洛齐组织和领导的伊佛东学院简介》和

《瑞士伊佛东学院信奉和实践的裴斯泰洛齐的教育方法原理》。从1814年起，朱利安甚至还参加了裴斯泰洛齐创办的伊佛东学院管理委员会的工作。但当朱利安在伊佛东的影响越来越大时，野心勃勃的尼德雷尔按捺不住了，极力排挤朱利安。他认为："从本质上、从文化的要求上、从本国人民的情绪上看来，一个法国人要在我们当中占统治地位，这是不能忍受的。"朱利安在瑞士受到文化保护主义的影响和抵制，加之语言的障碍，这些因素导致了裴斯泰洛齐教育学说在法国的影响较之德国瞠乎其后。

马尔克-安托伊内·朱利安（1775—1848）

奥匈帝国德语区。在瑞士东部的奥匈帝国德语区，裴斯泰洛齐的教育学说也有一定的影响。在拿破仑时期，生活在这一区域的居民有德意志-奥地利人、匈牙利人、斯洛伐克人、克罗地亚人、波西米亚人等，其中有不少文化人掌握德语，从而有利于裴斯泰洛齐思想的广泛传播。

裴斯泰洛齐本人曾试图与维也纳建立联系。他和财政部长格拉夫·冯·齐岑多夫有过多次通信，并曾向他赠送过成名作《林哈德和葛笃德》，希望奥地利政府能聘请他担任社会政治和教育工作。齐岑多夫从裴斯泰洛齐的挚友伊沙克·伊塞林那里获悉了裴斯泰洛齐为贫困民众办学的实践，高度称赞他的教育志向和作品；但他认为在当时的政治形势下，裴斯泰洛齐的教育思想在这个君主制国家几无实现的可能，所以裴斯泰洛齐在奥地利任职的愿望未能实现。

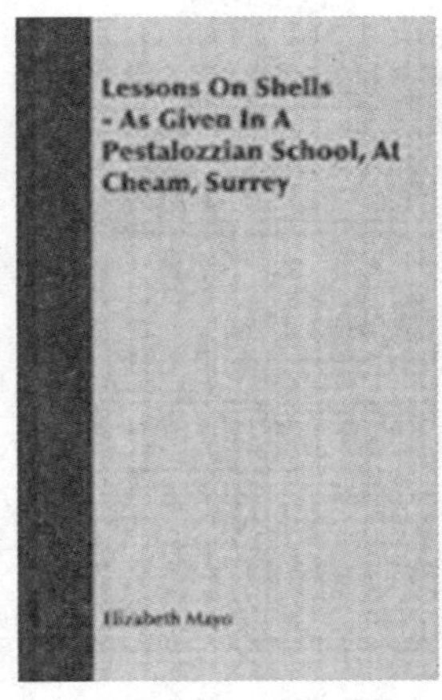

研究裴斯泰洛齐学校的著作

研究裴斯泰洛齐教育思想的著作

裴斯泰洛齐的学生、同事约瑟夫·施密德是奥地利人，他在家乡按照裴斯泰洛齐的原则建立了一所学校，1810—1815年被尼德雷尔排挤后，他曾回到此地任职。斯特凡·路德维希·罗特也是伊佛东学院的教师，伊佛东学院解散后，他也回到自己的故乡特兰西瓦尼亚，依照裴斯泰洛齐的原则致力于奥地利的教育改革事业。由于裴门弟子的努力，裴斯泰洛齐的教育学说对奥地利的初等教育乃至特殊教育、劳作教学等都产生了较大的影响。

格里夫斯（1777—1847）

英国。在英国，英格兰本土及殖民地学校协会会员格里夫斯（J.P.Greaves）曾随裴斯泰洛齐工作和学习，与裴斯泰洛齐建立了深厚友谊。格里夫斯提倡以实物教学与感觉训练来代替语言训练，依照裴斯泰洛齐的原则在伦敦建立了一所实验学校。英国裴斯泰洛齐运动的发起者们先后创办了几所裴斯泰洛齐式的学校，并出版教科书宣传裴斯泰洛齐的理论；还开办师范学校，为英国的贫民学校培养了一大批青年教师。英国的欧文、贝尔和兰卡斯特曾访问伊佛东学院，吸取经验。欧文回国后，借鉴裴斯泰洛齐仁慈、博爱的精神，对工厂的童工和无家可归的孤儿进行教养。后来他还将裴斯泰洛齐的教学法引入美国。

英国欧洲属地马恩岛（Isle of Man）的裴斯泰洛齐小学（2008）

俄国。在俄国，裴斯泰洛齐的思想最早是由沙皇亚历山大一世的老师，瑞士人拉哈尔佩传到俄罗斯帝国的。拉哈尔佩于1804年请求俄政府关注裴斯泰洛齐的思想。沙皇亚历山大一世受到影响，曾邀请裴斯泰洛齐到俄国大学执教并帮助俄国改革教育。

1960年瑞士发行的裴斯泰洛齐纪念章

裴斯泰洛齐本人也曾积极与俄政府建立联系。1814年同沙皇亚历山大在巴塞尔私下会面，谈及教育及废奴问题。在拉哈尔佩等人的推动下，俄政府耗资5000卢布订购了裴斯泰洛齐的著作，同时还派遣见习生到伊佛东学院学习裴斯泰洛齐教学法。

应当指出的是，裴斯泰洛齐的教学法在国内不受待见时，曾得到沙皇政府的支持，在欧洲一些地方得到实践。

裴斯泰洛齐对美国的影响

在美国，裴斯泰洛齐运动于19世纪初开始兴起。19世纪初，裴斯泰洛齐在美国的第一位信徒威廉·麦克卢尔（William Maclure）将裴斯泰洛齐的方法介绍到美国，并且邀请裴斯泰洛齐在布格多夫学校的同事约瑟夫·内夫到美国传授裴斯泰洛齐的教学方法。从此，裴斯泰洛齐运动在美国拉开了帷幕。麦克卢尔原是苏格兰商人，后定居美国。他在一次欧洲旅行时邂逅裴斯泰洛齐，交谈中对其教学法和家庭式的学校教育颇感兴趣，随后引入美国。

裴斯泰洛齐在美国的第一位信徒威廉·麦克卢尔（1763—1840）

1806年，内夫到达费城，一方面学习英语，同时编写《教育计划和方法大纲》，并且创办了美国第一所裴斯泰洛齐学校。该校招有100多名学生，大多是富裕家庭的男孩，开设的课程有语言、算术、自然科学等；教学方法则将实物教学与口头传授结合，而且10岁之前，学生不用书本和字母表，主要在生活中学习和锻炼。内夫是体育老师，故在实际教学过程中，非常重视学生的体育锻炼，有时采用不寻常的做法。有学生曾回忆到，他们无论冬夏“从不戴帽子”，“多数人暖和的时候赤脚走路”。

欧文1812年在印第安纳创办的新和谐公社，后成为美国传播裴斯泰洛齐教学法的中心

继费城之后，英国教育家罗伯特·欧文1812年在印第安纳州创办了新和谐公社（New Harmony Community）。裴斯泰洛齐的信徒麦克卢尔为该公社注入了大量资金，希望将该地建成美国传播裴斯泰洛齐教学法的中心。后来内夫也到此任教。1825年，中心终于成立，依照裴斯泰洛齐的教育方法，在充分考虑儿童理解力的基础上施教，注重直观教育和教学心理化，允许儿童自由活动。

19世纪30年代后，在美国公立学校运动蓬勃发展的背景下，裴斯泰洛齐的教育思想亦在美国迅速蔓延开来，其中美国公立学校运动的主要发起者贺拉斯·曼（Horace Mann）和亨利·巴纳德（Henry Barnard）居功甚伟。

贺拉斯·曼（1796—1859）

亨利·巴纳德（1811—1900）

裴斯泰洛齐传记

贺拉斯·曼以马萨诸塞州教育委员会秘书的身份公开宣传裴斯泰洛齐的思想。他认为普鲁士在吸取裴斯泰洛齐的教育学说方面最为成功，美国也应该在公立学校和师范学校里面大力推行裴式方法和直观教学。贺拉斯·曼在其创办的多所师范学校当中贯彻裴斯泰洛齐的原则，让师范生着重学习实物教学法，从而为裴斯泰洛齐培养了更多的信徒和实践者。

与贺拉斯·曼的实践推广路径相比，亨利·巴纳德的贡献主要在思想宣传方面。亨利·巴纳德在其主编的《美国教育杂志》上，大量刊载有关裴斯泰洛齐教育思想的文章，介绍普鲁士学校中对裴斯泰洛齐实物教学法的应用以及欧洲裴斯泰洛齐运动的发展状况。由于通过报刊宣传新观念的速度要远快于通过实践办学推广，故巴纳德迅速扩大了裴斯泰洛齐教育思想的影响范围，进而将美国的裴斯泰洛齐运动推向高潮。

19世纪50年代，美国裴斯泰洛齐运动进入高潮时期。1853年，爱德华·奥斯汀·谢尔顿（Edward Austin Sheldon）在纽约州的奥斯威戈市开展教育改革。他摒弃传统的知识教学体系，大胆引入裴斯泰洛齐教育理论，采取分班分级教学，运用实物直观教学法，强调对儿童感觉能力的培养。他还创办了奥斯威戈师范学校，以便批量培养掌握裴式方法的教师。该校1866年被纽约州政府确认为“奥斯威戈州立师范学校”。谢尔顿对奥斯威戈学校的改革取得了良好的办学效果和较大的社会影响，他推行的裴式教学法有助于教师更加轻松、高效地完成教学任务，学生在新课堂中的投入程度也较之以前更高。

爱德华·奥斯汀·谢尔顿（1823—1897）

在谢尔顿的推动下，1860年美国掀起学习并推广裴式教学方法的奥斯威戈运动（Oswego Movement）；美国的中小学和师范学校都大力推行裴斯泰洛齐的教育理

谢尔顿于19世纪中叶创办的奥斯威戈师范学校，批量培养掌握裴式方法的师资

论，引入实物直观教学法、“爱的教育”原则等。19世纪六七十年代，裴斯泰洛齐运动在美国达到巅峰，其影响绵延至今。

裴斯泰洛齐对日本的影响

19世纪60年代伊始，在日本明治维新“脱亚入欧”政策及促进文化交流的背景下，裴斯泰洛齐的教育思想传入日本。在引进西方教育学的过程中，日本官方特别热衷于将美国的教学法作为样本来学习，而此时正值裴斯泰洛齐运动在美国的兴盛时期，因此，奥斯威戈运动中强调实物直观教学的理念在日本得到广泛传播。

1872年，日本在东京建立了第一所公立师范学校，并聘请美国人马利欧·斯科特为督学，使用美国的教科书和教学法，将直观教学作为课堂教学法。次年，文部省根据裴斯泰洛齐的原则制定了一系列的课堂教学图表作为教材。为了筹建东京师范学校，日本文部省曾委派高峰秀夫等人前往美国谢尔顿的奥斯威戈师范学校进

1872年受裴斯泰洛齐影响建立的日本东京师范学校

修，其间学习了裴斯泰洛齐的直观教学法。1878年，高峰秀夫担任东京师范学校副校长，开始传播和实践裴斯泰洛齐的教育理论。他采用以实物为代表的教学法，还将低年级的“实物”课延伸至高年级，并认为高年级的“实物”课与地理、自然、物理、化学和生物课一样，是一门独立的学科。以实物为基础的直观教学法在日本发展成了一种新的教学形式——启迪教学，包括“问答”形式和与之相配合的部分“实物”课。需要指出的是，日本推行的裴式教学法并非裴斯泰洛齐教学法的地道模式，而是一个不完整的美国模式。由于裴斯泰洛齐教学法在日本的发展过于形式主义以及政治原因，其繁荣时期仅限于1875—1890年间，此后便被日本官方提倡的民族化教学法取代了。

日本的裴斯泰洛齐宣传图片

韩国书籍：《世界伟人裴斯泰洛齐》

裴斯泰洛齐在中国

清末民初在中国的传播

在中国，裴斯泰洛齐的教育思想最早是由19世纪后半叶的外国来华传教士通过著述和办报导入的。据现有资料，美国来华传教士丁韪良（W. A. P. Martin）率先在近代中国介绍了裴斯泰洛齐教育思想。1850年，丁韪良携妻来华在宁波传教，1860年返回美国。两年后又再度来华，在北京创办教会学校和自然科学博物馆。1869年担任京师同文馆总教习，编译《万国公法》《各国史略》等教材，以满足当时的教学之需。1880—1882年，丁韪良应中国政府之请访问欧洲，归国后写成了著名的《西学考

丁韪良（1827—1916）

略》，书中写道：

> 乾隆间，有贝斯罗西者，因教有义方，名垂后世而休声遂洋溢于海外矣。贝氏家素视民之贫乏者多由无识而致，乃设法整顿学校，以教民焉。

其中的“贝斯罗西”就是指的裴斯泰洛齐，这是我国第一次有文献介绍裴斯泰洛齐的教育思想。此后，在由外国来华传教士创办的《外国公报》上刊载了《养蒙正规上：柏思大罗齐训蒙新法》一文，也介绍了裴斯泰洛齐的教育思想。

20世纪初，由罗振玉、王国维在上海创办的中国第一份教育专业期刊《教育世界》，发表了裴斯泰洛齐教育代表作《林哈德和葛笃德》的第一个中译本《醉人妻》，较为全面地介绍了裴斯泰洛齐的生平业绩和教育思想。该杂志为裴斯泰洛齐思想在近代中国的广泛传播做出了重要贡献。20世纪30年代，著名翻译家傅任敢将“Lienhard und Gertrud”译为《贤伉俪》，先后连载于《教育杂志》，后汇编为单行本，于1937年由商务印书馆出版。值得一提的是，由于种种原因，民国时期的教育期刊很少刊载介绍裴斯泰洛齐教育思想的文章，主要在一些西方教育史教材中零星地提到了裴斯泰洛齐的思想，例如姜琦的《西方教育史大纲》（1921）、雷通群的《西洋教育史通史》（1934）等。此外，还有一些研究裴斯泰洛齐的专著，例如朱元善的《裴司泰洛齐传》（1916）、吴志尧的《裴斯塔洛齐》（1948）等。

罗振玉（1866—1940）

王国维（1877—1927）

《教育世界》杂志

傅任敢（1905—1982）

民国时期在中国的传播

民国时期，裴斯泰洛齐的教育思想给当时处于中西文化交流中的中国教育改革提供了重要养料，许多教育家对裴斯泰洛齐的思想给予了高度评价。

中华民国第一任教育部长蔡元培竭力倡导卢梭、裴斯泰洛齐、福禄培尔等人的思想，主张推行新教育，对中国旧教育进行彻底的改革。他指出：

> 从前瑞士教育家裴斯泰洛齐有言，昔之教育，使儿童受教于成人；今之教育，乃使成人受教于儿童。何谓成人受教于儿童？谓成人不敢自存成见，立于儿童之地位体验之，以定教育之方法。民国之教育亦然。

我国职业教育的开拓者黄炎培也主张推行裴斯泰洛齐的教育思想。他经研究发现我国职业教育的弊端在于脱离生活、脱离社会，因此主张借鉴裴斯泰洛齐的思想，并说："自裴斯泰洛齐以来，主张生活教育，务使学校教育与实际的生活渐相接近，将此而教育方法一变。"此外，陶行知、晏阳初、范寿康、徐特立、杨贤江等人也都极为推崇裴斯泰洛齐的教育思想，均曾撰文推介。

蔡元培（1868—1940）

黄炎培（1878—1965）

在当代中国的影响

中华人民共和国成立后，我国学者在研究西方近代教育问题时，始终把裴斯泰洛齐作为重要对象之一，全国师范院校的教育史教科书都有专门章节论述裴斯泰洛齐的教育思想。起初，我国主要从苏联学者那里间接获取有关裴斯泰洛齐的教育活动及理论，典型的著作就是麦丁斯基的《世界教育史》。该书1949年出版，先后再版达七次之多，对我国的影响较为深远。1959年，北京编译社根据德文版的裴斯泰洛齐全集文本翻译出版了裴斯泰洛齐的代表作《林哈德和葛笃德》，后被人民教育出版社收入《外国教育名著丛书》。1964年，人民教育出版社出版了张焕庭主编的《西方资产阶级教育论著选》，其中节选、翻译、收录了裴斯泰洛齐的四种重要著作（包括《林哈德和葛笃德》《葛笃德如何教育她的子女》《与友人谈斯坦兹经验的信》以及《天鹅之歌》的部分内容）。此书后来再版多次。1992年，人民教育出版社又出版了夏之莲等编译的40万字的《裴斯泰洛齐教育论著选》，精选了裴斯泰洛齐的更多重要著作，引发关注及学习裴斯泰洛齐教育思想的热潮。以后，更多的裴斯泰洛齐著作被引进、翻译、收入中国出版的各类外国教育论著集。如《世界教育名著通览》（任钟印主编，1994）、《外国幼儿教育名著选读》（杨汉麟主编，1998）、《西方近代教育论著选》（任钟印主编，2001）等。有许多被作为师范院校教材采用，对扩大裴斯泰洛齐教育思想的传播发挥了重要作用。

麦丁斯基的《世界教育史》（1949）

中国第一部裴斯泰洛齐教育论著选（1992）

进入90年代，随着中瑞两国文化教育交流的开展，裴斯泰洛齐的影响在我国进一步扩大。中国本土学者的裴斯泰洛齐研究成果也开始彰显，体现在《外国教育家评传》（赵端瑛，1992）、《外国教育思想通史》第六卷（郑松、朱旭东，2002）、《外国教育实验史》（杨汉麟，2005）、《裴斯泰洛齐教育思想研究》（余中根，2009）等学术专著以及众多的学术论文中。于是，裴斯泰洛齐教育思想在中国由单纯的引进、传播变为中国学者对裴斯泰洛齐思想的扎实研究乃至向外展示研究成果。

1994年10月，中瑞两国第一次在北京举办裴斯泰洛齐教育思想国际研讨会。会上来自多个国家的四十多位中外学者交流了各自的研究成果，并于次年出版了会议论文集《教育与人的发展》。此次会议还直接促成了《裴斯泰洛齐选集》（两卷本）中文版的翻译出版，为我国学者研究裴斯泰洛齐的教育思想提供了新的重要的第一手文献资料。

1994年在北京举行的裴斯泰洛齐教育思想国际研讨会代表合影

1994年北京裴斯泰洛齐教育思想国际研讨会论文集

两卷本的《裴斯泰洛齐选集》中文版（1996）

21世纪以来，在中瑞两国的文化教育交流频繁进行的背景下，裴斯泰洛齐教育思想在我国的传播与发展进入了一个新的阶段，逐渐成为我国学者研究的重要领域，相关学术成果不断涌现，研究裴斯泰洛齐的论文和专著均有较大突破。

在此形势下，2009年10月，时隔15年的裴斯泰洛齐教育思想国际研讨会再次在中国杭州召开。此次会议由中国教育学会教育史分会和瑞士裴斯泰洛齐协会联合主办，浙江大学中外教育现代化研究所承办，来自海内外的四十多位专家学者共聚西子湖畔，研讨、交流裴斯泰洛齐教育思想的最新成果。会后出版了会议论文集《跨文化视野中的教育史研究——裴斯泰洛齐教育思想国际研讨会论文集》。

2009年杭州裴斯泰洛齐教育思想国际研讨会论文集

2009年在杭州举行的裴斯泰洛齐教育思想国际研讨会代表合影

2012年4月，瑞士－中国裴斯泰洛齐国际研讨会在瑞士卢塞恩及裴斯泰洛齐故居新庄举行。本次会议由瑞士裴斯泰洛齐协会和瑞士学校为儿童基金会资助，瑞士中部师范大学主办。来自中国、瑞士、德国等国的裴斯泰洛齐研究学者、专家近百人参会。

瑞士－中国裴斯泰洛齐国际研讨会会场。左起分别是戴特灵（瑞方负责人）、顾正祥（德籍华裔学者）、田正平（中方团长）

瑞士中部师范大学校长汉斯·鲁道夫在研讨会上致辞

2012年在瑞士卢塞恩－新庄举行的瑞士－中国裴斯泰洛齐教育思想国际研讨会代表合影

在4月10日和11日的研讨会上，中国学者作了“裴斯泰洛齐与中国平民教育家的比较研究”“裴斯泰洛齐在中国的影响和历史地位”“裴斯泰洛齐在互联网的呈现及对当今学校的效益”“裴斯泰洛齐的教育哲学思想”“裴斯泰洛齐教育思想的现代意蕴及价值”“裴斯泰洛齐乡村教育思想的当代意义”“裴斯泰洛齐和谐教育思想新探”等各类主题的学术报告。中国学者的报告体现了裴斯泰洛齐在中国研究的深入程度及中国学者的深厚功力，得到与会瑞士及德国学者的好评。

4月13日，研讨会移师裴斯泰洛齐的故居及曾经工作过的地方——新庄举行。瑞士著名裴斯泰洛齐研究学者阿·布律迈尔（Arthur Brühlmeier）作了主题为“裴斯泰洛齐生平和教育思想”的讲座，并与中国代表们进行了热烈的讨论和交流。此外，代表们参观了位于新庄的一所接收轻微违法犯罪青少年，以裴斯泰洛齐教育思想作指导，实行“劳动与教育结合”的工读学校（或称“裴斯泰洛齐教养院”）。

本书作者杨汉麟（左一）与布律迈尔（左二）、方晓东（左三，中国教育科学研究院研究员）、顾正祥（德籍华裔学者）在会议上合影

与会代表参观新庄裴斯泰洛齐教养院，校长讲解（2012）

新庄裴斯泰洛齐教养院校办工厂（2012）

新庄裴斯泰洛齐教养院学生宿舍

这次会议后不久，经中、瑞两方共同努力，出版了中、德文本的会议论文集《以爱为本：跨越时空惠及子孙的教育理念——瑞士-中国裴斯泰洛齐国际研讨会论文集》。

参加中瑞裴斯泰洛齐国际研讨会的代表晋谒裴斯泰洛齐墓（2012）

2012年中瑞裴斯泰洛齐国际研讨会论文集

据德籍华裔学者顾正祥的《裴斯泰洛齐汉译与研究见闻录》，从1883年到2013年，在中国公开发表或出版的有关裴斯泰洛齐的译著、论著、论文等共计340篇（部），其中2000—2013年就有154篇（部），几乎占一半。说明在当代中国，裴斯泰洛齐热正在持续兴起，成果不断涌现。

中瑞两国的文化教育交流不仅进一步扩大了裴斯泰洛齐在中国的影响，而且推动了世界范围内的裴斯泰洛齐教育思想研究。我们深信，虽然裴斯泰洛齐生活的年代已逐渐远离我们置身的现代社会，但其思想精华以及奋斗精神绝未过时，仍有重要价值；有许多还是尚待开发的富矿，继续挖掘后可为我国当代教育改革与发展提供智慧或借鉴。可以断言，裴斯泰洛齐教育思想已对世界各国的教育产生重要影响，这种影响还将不断持续下去。

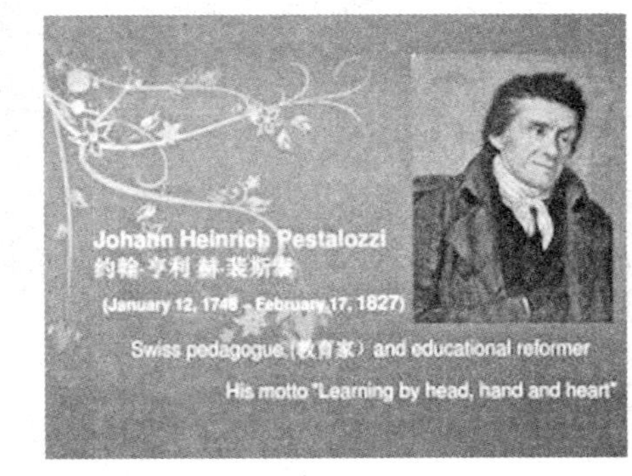

宣传裴斯泰洛齐思想的文宣

裴斯泰洛齐大事年表

1746年

1月12日，出生于瑞士苏黎世的一个医生家庭。家庭信仰新教虔信派。

1751年（5岁）

父亲英年早逝，留下孤儿寡母。年幼失怙，处境堪忧。幸得忠心女仆巴蓓丽鼎力相助，方勉强度日。女性的温柔及爱心深植于裴斯泰洛齐幼小的心灵中。

1755年（9岁）

卢梭的《论人类不平等的起源》出版。翌年德文版出版。

进入初等学校学习。

常利用假期及空闲时间随当牧师的祖父访贫问苦，对穷人的不幸遭遇深表同情。

求学期间，因个性憨厚，某些学习科目成绩较差等，曾得到“傻瓜城的怪亨利”这一绰号。

1757年（10岁）

里斯本发生9级大地震，波及瑞士。在地震中热心助人，表现神勇，被人们赞为“勇敢的亨利”。

1757年（11岁）

进入加洛林文法学校，接受中等教育。学习拉丁语、希腊语和一些大学预科课程，表现甚佳。

1761年（15岁）

卢梭发表《新爱洛琦丝》。翌年影响更大的《社会契约论》《爱弥儿》问世，声名远播欧洲。

1763年（17岁）

中学毕业后进入苏黎世大学加洛林学院学习。原拟学习神学，以达救助穷人、拯救穷人灵魂的目的，后因主客观原因，放弃初衷，改学法律。

加入了由博德默尔教授发起的青年学生进步组织爱国主义者协会。

1765年（19岁）

首次到一小报当记者。乳莺初啼，致力于社会和文学主题的写作。

担任爱国主义者协会主办的杂志《回忆者》主编。

1766年（20岁）

第一部出版物《阿吉斯》以及《愿望》问世。

受卢梭及恩师博德默尔等的影响，受到一种内在使命感的召唤，打算退学，到农村去帮助农民，实现济世救民的抱负。

1767年（21岁）

1月29日，遭当局逮捕，关押到市政厅，并受到审讯。罪名是编辑一本宣传起义的小册子。平生第一次遭受牢狱之灾。关押三天后被释放。

结识大8岁的苏黎世富家女安娜·舒尔特斯，一见钟情，并不顾女方父母阻挠，鸿雁往来，互诉衷肠。1767年春至1769年9月，两人的书信多达468封，可排满650多页。

9月，正式放弃学业，到基奇山拜一名叫契费利的农学家为师，学习农业改良技术及经营之道。

1768年（22岁）

得到苏黎世一银行家的帮助，获得贷款，加之母亲倾囊支持，筹得必要款项，在距苏黎世25公里的比尔村购置20公顷荒地，取名“新庄”。拟在此办一所示范农场，进行农业改革实验，以帮助农民改进耕作技术，从而脱贫。由此开始了长达半个多世纪的社会改革及教育改革活动。

1769年（23岁）

9月30日，克服重重阻力，与安娜喜结连理。

1770年（24岁）

8月14日，儿子出生。为表示对卢梭的敬意，取名“雅克·沙格利”。

1774年（28岁）

因经营不善，新庄示范农场宣告破产。

利用新庄土地，创立新庄贫儿教养院，招收6～18岁的赤贫及流浪儿童，进行教劳结合的实验。

成为瑞士海尔维蒂法理协会会员，并与作家及出版商伊沙克·伊塞林结识，受其激励，致力于写作。

写作《育子日记》。

1776年（30岁）

美国发表《独立宣言》。

1777年（31岁）

发表《致尼·埃·查尔纳关于乡村贫苦青年教育的信》。

1778年（32岁）

卢梭去世。

1780年（34岁）

历经4年惨淡经营后，因经费短缺，求助无门，新庄贫儿教养院被迫宣布停办。第一次教育实验失败。此后18年中，主要从事著述活动。

完成《隐士的黄昏》，在《人类历史》5月号上刊出，包括裴斯泰洛齐教育思想的雏形。伊塞林撰文推介。

1781年（35岁）

出版教育小说《林哈德和葛笃德》第一卷。在此后6年中，陆续出版了该书的第二卷（1783）、第三卷（1785）、第四卷（1787）。表达了人道主义理念及民主主义教育思想，刻画了一个善于相夫教子、疾恶如仇、敢作敢为、极富爱心的平民女性葛笃德的形象，引发社会广泛重视。由于葛笃德的形象深入人心，作者后遂常以“葛笃德”之名撰写文章，阐述教育见解。

1782年（36岁）

经营《瑞士人报》周刊。

加入“秘密协会”的瑞士分支。

出版民间话本《克里斯多夫与伊丽莎白》。

1783年（37岁）

发表《论立法和杀婴》。

1789年（43岁）

7月14日，巴黎民众攻占象征法国封建专制王朝的巴士底狱，标志着影响世界的法国大革命正式爆发，震撼了整个欧洲大陆的封建秩序。

8月26日，法国国民议会发表《人权宣言》。

1792年（46岁）

鉴于《林哈德和葛笃德》一书的巨大影响，法兰西国民公会授予裴斯泰洛齐“法兰西共和国公民”荣誉称号。

第一次遭遇战争。

1793年（47岁）

法国国王路易十六被送上断头台。

发表《肯定或否定》，表明对法国大革命的看法。

结识德国哲学家费希特，并与其长期探讨哲学和政治问题。

1794年（48岁）

瑞士底层民众呼吁自由权利的呼声日益，受法国革命影响，向当局提出制定新宪法，保障平民权利、自由贸易等要求，遭到断然拒绝。苏黎世湖附近发生暴乱。裴斯泰洛齐充当了人民的律师，与当局斡旋。

1795年（49岁）

7月5日，苏黎世政府派遣了2000名士兵镇压施泰发地区的暴乱。有关暴乱的报道铺天盖地。

1797年（51岁）

法国军队入侵瑞士，推动了瑞士的革命政治运动。

发表哲学论文《我对人类发展中的自然进程的追踪考察》。

出版由273篇短文构成的《寓言》。

1798年（52岁）

在法国推动下，瑞士联邦组成一个中央集权制国家海尔维蒂共和国。

瑞士第二次爆发战争。

法国军队镇压了瓦尔登州最后的抵抗。

担任《海尔维蒂人民报》编辑。

德国教育家赫尔巴特慕名来到苏黎世，拜访裴斯泰洛齐。

12月份，应瑞士政府邀请，只身前往阿尔卑斯山区的斯坦兹创办并主持斯坦兹孤儿院。因教派原因，不受当地群众支持，仅一女管家相助。

1799年（53岁）

1月14日，斯坦兹孤儿院正式成立，招收战争孤儿及赤贫儿童、心智障碍儿童。最多时有80名儿童入住。实施爱的教育、直观教学、劳动教育，成效显著。

写作《斯坦兹通信》，于1807年发表。

6月8日，由于法国占领军将孤儿院征用为战地医院，孤儿院被迫遣散儿童，不久关闭。第二次教育实验结束。

7月底，经希纳尔法官推荐，先后到布格多夫一所郊区学校、师范学校任教。尝试一种全新的教育方法，开始第三次教育实验。

1800年（54岁）

1月，赫尔巴特到布格多夫，再次与裴斯泰洛齐见面，观摩裴斯泰洛齐教学。

10月 1 日，在布格多夫开办一所集初等学校、寄宿学校、师范学校于一身的综合性教育机构。为避免斯坦兹孤儿院单枪匹马的教训，将一批志同道合者（包括克吕西、托布勒、布思等）招致麾下，共襄改革盛举。

裴斯泰洛齐在一次报告中，首次明确提出“教育心理学化”口号。该报告后以《方法》之名发表。

1801年（55岁）

出版《葛笃德如何教育她的子女》。该书是以通信形式阐明自己教育方法和教育原理的著作，成为19世纪初等教育的经典著作之一。

8 月15日，经历白发人送黑发人的哀痛。原在新庄居住并承担管理之责的独子雅克去世，年仅31岁。雅克的遗孀及孙儿哥特列布从新庄搬来布格多夫同住。

1802年（56岁）

法国军队撤退后，海尔维蒂共和国瓦解。

裴斯泰洛齐作为代表被派往巴黎参与制宪会议。

赫尔巴特先后发表《论裴斯泰洛齐的新作——〈葛笃德如何教育她的子女〉》《裴斯泰洛齐的直观教学ABC》。

1803年（57岁）

发表《孩子直观和说话培养指南》。

1804年（58岁）

拿破仑·波拿巴称帝。

7月1日，由于伯尔尼政府收回校舍，布格多夫学校被迫关闭。第三次教育实验结束。

裴斯泰洛齐率布格多夫学校师生到明兴布赫塞，与另一位教育理念相近的瑞士教育家费伦贝格商讨合作办学，将布格多夫学校与费氏的学校合二为一，两人分别负责教学与管理。然好景不长，由于二者在是否免费招收贫苦儿童问题上存在分歧，最终分道扬镳。

10月，裴斯泰洛齐一次夜晚散步时，几乎被马车碾压。危急时刻他飞身跃起，化险为夷。事后静思，他归之于上帝的眷顾，坚定了继续教育探索的决心。

年底，裴斯泰洛齐与其他三位志同道合的同僚离开明兴布赫塞，应战后新成立的瑞士沃州政府邀请，来到瑞士西部的法语区伊佛东办学。后其他弟子亦来此会合，开始第四次教育实验。

赫尔巴特发表《论评价裴斯泰洛齐教学法的观点——应邀在不来梅博物馆的讲演》。因连续发表宣传裴斯泰洛齐思想的著述，赫尔巴特因此成为德国“裴斯泰洛齐运动”的先驱者。

1805年（59岁）

发表《方法中的灵魂与核心》，对《葛笃德如何教育她的子女》进行说明。

8月底，德国幼儿教育家福禄培尔首次造访伊佛东，受到裴斯泰洛齐的热情接待。

1806年（60岁）

发表《改进教育的观点、经验和手段》，阐述自己符合自然的教育方法产生的背景及其实质。

发表《见解和经验》。

伊佛东学院发行《人道主义周刊》，直至1810年。登载过有关斯坦兹工作经验的文章。

1808年（62岁）

夏，福禄培尔携三名弟子第二次来到伊佛东，学习办学经验，停留近三年之久，直至1810年底才返回法兰克福。

1809年（63岁）

瑞士教育之友协会成立。当选为第一任会长。

发表《关于初等教育的理想》。

一位雕塑家为裴斯泰洛齐制作了石膏面部塑像，为后人留存了裴斯泰洛齐宝贵的、真实的面部形体特征。

1812年（66岁）

耳朵不慎受重伤，卧床四个多月，无法管事。养病期间，写作《病重的裴斯泰洛齐致健康读者》。

1814年（68岁）

维也纳大会召开，瑞士联邦的国界确定。

1815年（69岁）

妻子安娜·裴斯泰洛齐·舒尔特斯去世，享年77岁。

发表《致我的祖国和时代的无辜者恩斯特和爱德穆特》。

伊佛东学院教师之间的公开争论日趋激烈。

1816年（70岁）

伊佛东学院的重要人物、裴斯泰洛齐的得力助手尼德雷尔公开宣布与裴斯泰洛齐脱离关系，甚至对簿公堂。

1817年（71岁）

裴斯泰洛齐和德国著名出版商科塔签订了他的全集出版合同，出版商同意支付5万法郎的稿酬。

1818年（72岁）

1月12日，在生日庆典上发表《1818年对我校师生的讲演》，隆重宣布重新恢复1780年关闭的新庄孤儿院（贫儿教养院），并拟用自己全集的稿酬成立专门的基金会，供重建新庄孤儿院所用。

在克伦第创办一所孤儿院。次年与伊佛东学院合并。

写作《母子篇——致友人格瑞夫斯的信》。从1818年10月1日至1819年5月12日共写34封。关于幼儿教育问题的探讨贯穿始终，构成相互关联的作品。1823年发表。

1819（73岁）

从该年至1826年，《裴斯泰洛齐全集》陆续由科塔出版社编辑出版，共有42卷，包括258篇文章及6000多封书信。其弟子施密德为全集的出版提供了帮助。

写成《家庭生活是学校的雏形》。

1820年（74岁）

写成《学校和教养院均为道德教育场所》。1828年发表。

1824年（78岁）

由于出版商迟迟不兑现支付稿费承诺，1821年才拿到1万法郎，不得不宣布基金会破产，撤销原先的计划。

1825年（79岁）

3月，伊佛东学院内部经过多年争执、不合，而作为首要领导者的裴斯泰洛齐无力调解及管理，遂宣告关闭。第四次教育实验历时20年后宣告终止。

身心俱疲的裴斯泰洛齐回到发迹地新庄。

1826年（80岁）

仍计划恢复新庄孤儿院（贫儿教养院）。与孙儿哥特列布共同努力重建，曾亲自搬砖。

完成绝笔之作《天鹅之歌》及《生活之命运》。两书合为一本书出版。

在80岁生日纪念会上获悉他人对自己的恶毒攻击，受到沉重打击，力图反驳，但已有心无力。

1827年（81岁）

1月17日，在布鲁格逝世。遵照其遗愿葬于新庄附近的一所小学围墙旁。阿尔高州政府于1846年为其修建纪念碑（墓碑），1906年重建，一直保存至今。

参考文献

[1] 阿图尔·布律迈尔．裴斯泰洛齐选集（第1卷）．尹德新，译．北京：教育科学出版社，1994．

[2] 阿图尔·布律迈尔．裴斯泰洛齐选集（第2卷）．尹德新，译．北京：教育科学出版社，1996．

[3] 裴斯泰洛齐．裴斯泰洛齐教育论著选．夏之莲，等译．北京：人民教育出版社，2013．

[4] 裴斯泰洛齐．林哈德和葛笃德（上、下卷）．北京编译社，译．北京：人民教育出版社，2008．

[5] 裴斯泰洛齐．母爱教育．李娟，编译．北京：中国妇女出版社，2015．

[6] 张焕庭．西方资产阶级教育论著选．北京：人民教育出版社，1984．

[7] 任钟印．西方近代教育论著选．北京：人民教育出版社，2001．

[8] 任钟印．世界教育名著通览．武汉：湖北教育出版社，1994．

[9] 夏之莲．外国教育发展史料选粹（上册）．北京：北京师范大学出版社，2006．

[10] 杨汉麟．外国幼儿教育名著选读．武汉：华中师范大学出版社，2008．

[11] 朱元善．裴司泰洛齐传．上海：商务印书馆，1916．

[12] 吴志尧．裴斯塔洛齐．上海：商务印书馆，1948．

[13] 赵祥麟．外国教育家评传（第2卷）．上海：上海教育出版社，1992．

[14] 扎古尔·摩西．世界著名教育思想家（第2卷）．梅祖培，等译．北京：中国对外翻译出版社，1995．

[15] 杨光富．西方著名教育家的成长之路．上海：华东师范大学出版社，2016．

[16] 余中根．裴斯泰洛齐教育思想研究．昆明：云南大学出版社，2009．

[17] 杨汉麟．外国教育实验史．北京：人民教育出版社，2005．

[18] 杨汉麟．外国幼儿教育史．北京：人民教育出版社，2011．

[19] 吴式颖，任钟印．外国教育思想通史（第6卷）．北京：北京师范大学出版社，2016．

[20] 单中惠．西方教育思想史．太原：山西人民出版社，2000．

[21] 杨汉麟．外国教育名家思想．武汉：华中师范大学出版社，2010．

[22] 林玉体．一方活水：学前教育思想的发展．台中：台湾信谊基金出版社，1990．

[23] 乔伊·帕尔默．教育究竟是什么——100位思想家论教育．任钟印，等译．北京：北京大学出版社，2008．

[24] 卓晴君，方晓东．教育与人的发展．北京：教育科学出版社，1995．

[25] 阿·布律迈尔．裴斯泰洛齐与当代教育．顾正祥，译．北京：中央编译出版社，2013．

[26] 肖朗，赵卫平．跨文化视野中的教育史研究——裴斯泰洛齐教育思想国际研讨会论文集．杭州：浙江大学出版社，2011．

[27] 戴特灵，顾正祥．以爱为本：跨越时空惠及子孙的教育理念——瑞士-中国裴斯泰洛齐国际研讨会论文集（卢塞恩，2012年4月）．上海：上海交通大学出版社，2014．

[28] 博伊德，金．西方教育史．任宝祥，等译．北京：人民教育出版社，1985．

[29] S.E.佛罗斯特．西方教育的历史和哲学基础．吴元训，译．北京：华夏出版社，1987．

[30] 伊丽莎白·劳伦斯．现代教育的起源和发展．纪晓林，译．北京：北京语言学院出版社，1992．

[31] 吴式颖．外国教育史教程．北京：人民教育出版社，2005．

[32] 周采．外国教育史．上海：华东师范大学出版社，2008．

[33] 单中惠，杨汉麟．西方教育学名著提要．北京：中国人民大学出版社，2016．

[34] 李明德，金锵．教育名著评介（外国卷）．福州：福建教育出版社，2008．

[35] 贺国庆．近代欧洲对美国教育的影响．保定：河北大学出版社，1994．

[36] 滕大春．外国教育史和外国教育．保定：河北大学出版社，1998．

[37] 任钟印著，杨汉麟编．东西方教育的覃思．北京：人民教育出版社，2017．

[38] 赫尔巴特．赫尔巴特全集（第4卷）．李其龙，等译．杭州：浙江教育出版社，2002．

[39] C．W．克劳利．新编剑桥世界近代史（第9卷）．中国社会科学院世界历史研究所组译．北京：中国社会科学出版社，1992．

[40] 端木美．瑞士文化与现代化．沈阳：辽海出版社，1999．

[41] Gabriel Compayré. Translated by R. P. Jago, George.Pesralozzi and Elementary Education. Thomas Y. Crowell & Company, New York, 1907.

[42] Friedrich Froebel. Autobiography of Friedrich Froebel. George Allen & Unwiin Ltd., London, 1915.

[43] Gabriel Compayré. Translated by W. H. Payne. The History of Pedagogy. George Allen & Unwin, Ltd., London, 1918.

[44] E. P. Cubberley.The History of Education. Houghton Mifflin Company, New York, 1920.

[45] James Bowen. A History of Western Education (Volume Three). Methuen & Co. Ltd., London, 1981.

[46] Robert Rusk and James Scotland. Doctrines of the Great Educators. Macmillan Press Ltd, Hong Kong, 1982.

[47] Arthur Brühlmeier. Translated by Mike Mitchell. Head, Heart and Hand Education in the Spirit of Pestalozzi. Sophia Books, Cambridge, 2010.

后 记

本人于1978年考入华中师范大学教育系，在学习任钟印先生讲授的外国教育史这门课程时，裴斯泰洛齐就引起我的关注。后来毕业留校从事外国教育史的教学及研究，逐渐对这位教育家有了更多的了解，对于这位经历曲折、终身献身农村贫民教育、虽历经坎坷仍无怨无悔的教育家充满敬意。鲁迅先生说过："我们从古以来，就有埋头苦干的人，有拼命硬干的人，有为民请命的人，有舍身求法的人……虽是等于为帝王将相作家谱的所谓'正史'，也往往掩不住他们的光耀，这就是中国的脊梁。""自己背着因袭的重担，肩住了黑暗的闸门，放他们到宽阔光明的地方去；此后幸福的度日，合理的做人。"我觉得用这两段话来形容裴斯泰洛齐，也是完全合适的（只要将其中的"中国"改为"世界"）。在进入新时期的当代中国，宣扬裴斯泰洛齐的精神及业绩，以借他山之石，敦风化俗，推进教育领域的精神文明建设，尤有必要。

有鉴于此，几年前，当本人获悉周洪宇教授受山东教育出版社委托，领衔主编"中外著名教育家画传系列"时，便主动请缨，承担《裴斯泰洛齐画传》的写作。但由于诸事繁杂，迟迟未能动手。我的学生袁传明博士获悉后，愿意与我合作，共同完成此书。他根据我的思路及提供的材料，同时自己也尽极大努力，搜集了必要资料，耗时一年多，完成初稿。在袁传明博士初稿的基础上，本人又花数月时间，进行了全面的修改增删（包括结构、章节、标题、语言、插图）及部分章节的改写及补写，成为本书现在的样子。对于与袁传明博士的合作，本人感到满意。

在本书即将付梓之际，本人要对瑞士著名裴斯泰洛齐研究学者阿·布律迈尔先生表示衷心的感谢。2012年4月，本人到瑞士参加裴斯泰洛齐国际研讨会，有幸结识了这位敦厚的长者，相谈甚欢。当他获悉本人有关裴斯泰洛齐的写作心愿时，非常支持，并应本人请求，提供了他精心收藏的大量文献资料及图片。这些资料，尤其是图片，许多在中国闻所未闻，弥足珍贵，在本书中得到利用。

此外，本书的写作还得到周洪宇教授及蒋伟编审的支持和关心，并承蒙他们提出中肯的修改意见。我们的家人、亲友也提供了帮助。在此一并致以谢意。

尽管作者付出很大努力，但不当之处仍会存在，欢迎硕彦名儒批评指正。

杨汉麟

2018年仲夏于武昌桂子山